POSTER COLLECTION

JÖRG HAMBURGER GEORG STAEHELIN

29

Herausgegeben von/Edited by Bettina Richter

Essay von/by Claude Lichtenstein

MUSEUM FÜR GESTALTUNG ZÜRICH
PLAKATSAMMLUNG/POSTER COLLECTION

LARS MÜLLER PUBLISHERS

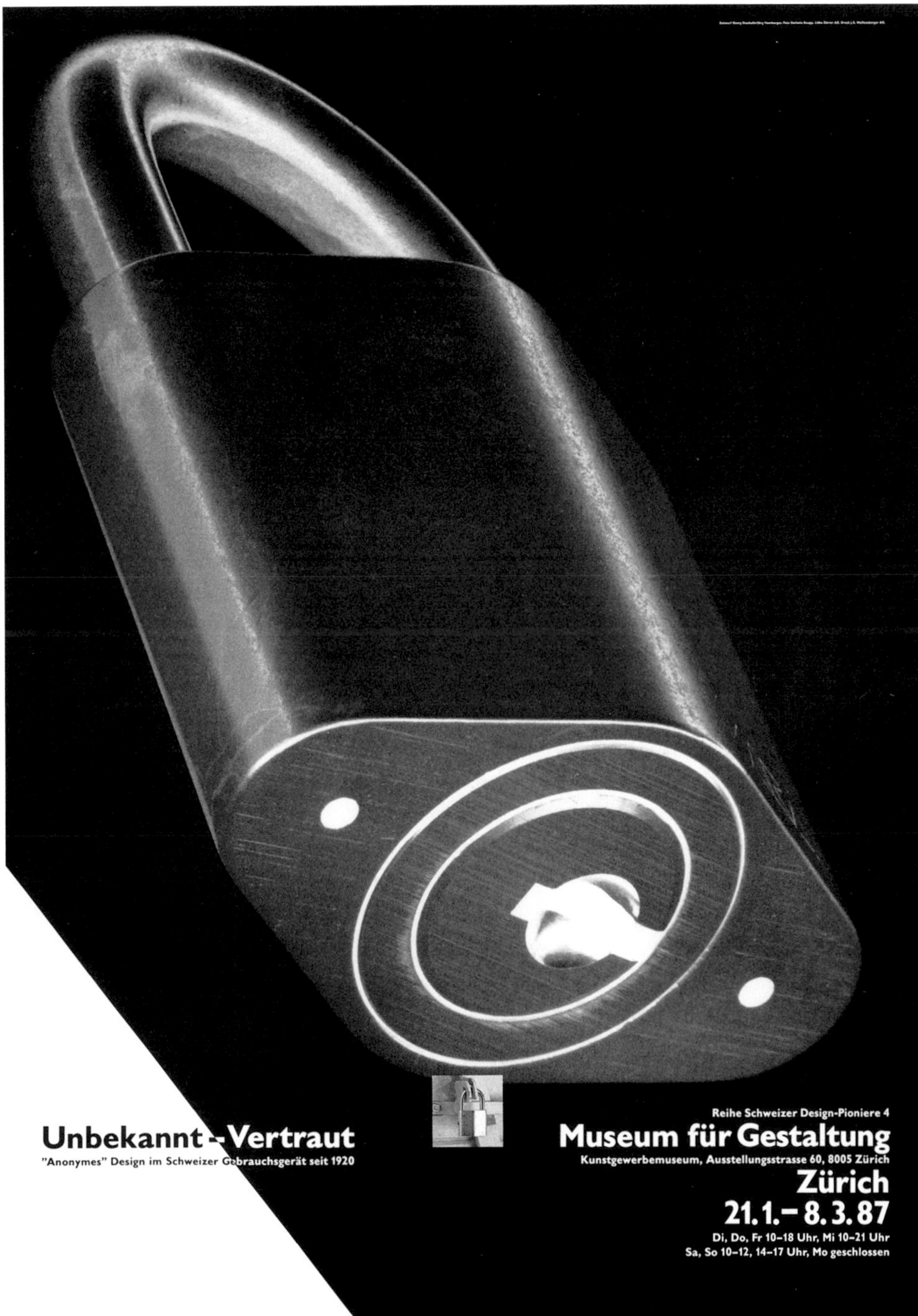

1 **Jörg Hamburger/Georg Staehelin**
Museum für Gestaltung Zürich/Unbekannt – Vertraut
1987

VORWORT

Es mag erstaunen, dass in der Serie Poster Collection, welche bislang in monografischen Ausgaben nur Einzelfiguren würdigte, zwei Gestalter gemeinsam vorgestellt werden. Jörg Hamburger und Georg Staehelin verband seit ihrer Begegnung im Jahr 1977 als Lehrer an der Zürcher Kunstgewerbeschule Zürich eine Wahlverwandtschaft. Ihre gemeinsam geschaffenen Plakate für Ausstellungen des Kunstgewerbemuseum/ Museum für Gestaltung Zürich bilden eine gültige Referenz für eine gestalterische Haltung, die beiden eigen ist. Sie weist sich unter anderem durch hohe Präzision und grafische Reduktion aus, gepaart mit einer Experimentierfreude, die dem Publikum doch stets auf Augenhöhe begegnet. Und dennoch will diese Publikation keinesfalls angestrengt nach Gemeinsamkeiten in den Arbeiten beider Gestalter suchen, die auch eine von grossem beruflichem Respekt getragene Freundschaft pflegten. Vielmehr soll ihr Schaffen als eigenständig erfahrbar werden, wobei sich doch immer wieder überraschende Querverbindungen zeigen.

Hamburger entwarf bereits in jungen Jahren Ausstellungsplakate für das Kunstgewerbemuseum Zürich, die durch ihre Stringenz bestechen. Fotografie, Grafik oder Illustration übersetzen das jeweilige Thema in einprägsame visuelle Botschaften. Das am Konstruktivismus geschulte Auge Hamburgers ist immer deutlich erkennbar, dennoch fand er schon in den 1960er-Jahren zu unorthodoxen Formulierungen. Seine typografischen Entwürfe der Zeit schlagen eine Brücke zu Staehelins Arbeiten der 1990er-Jahre für das Basler Museum für Gestaltung. Aus den 1970er-Jahren sind Plakate Hamburgers für das Städtebundtheater Biel-Solothurn zu entdecken. Hamburger arbeitete hier mit ausgestanzten Motiven, die den Bildrahmen des Rechtecks sprengen. Als Pars pro Toto stehen sie für den Inhalt des jeweiligen Theaterstücks und verweigern damit die narrative Kommunikation des konventionellen Theaterplakats. Der für seine Akribie manches Mal auch belächelte oder kritisierte Hamburger offenbarte hier eine ganz andere, spielerisch-poetische Seite seines Könnens. Die erwähnten Gemeinschaftsplakate von Hamburger und Staehelin prägen die 1980er-Jahre, in denen Staehelin auch im Alleingang einige Plakate für das Kunstgewerbemuseum/ Museum für Gestaltung Zürich entwarf. Das Plakat für die Ausstellung «Unbekannt – Vertraut» sei beispielhaft genannt für den inspirierenden Austausch zweier Gestalter, deren Resistenz gegen kurzlebige Trends zu ikonischen Lösungen führte. 1990 begann Staehelins langjährige Zusammenarbeit mit dem Museum für Gestaltung Basel. Seine rein typografischen, höchst sensiblen Verbildlichungen komplexer Ausstellungsinhalte faszinieren durch ihre Intelligenz und Erfindungskraft. In diesen wie auch in Hamburgers Arbeiten verrät sich ihr gemeinsamer Lehrer Armin Hofmann, dem es gelang, sinnlich-emotionale und rationale Zugriffe in der Gestaltung zusammenzuführen: Ein Erbe, das Hamburgers und Staehelins Werk aus vierzig Schaffensjahren aufs Schönste kennzeichnet.

Bettina Richter

FOREWORD

It may seem surprising to find two designers presented together in the Poster Collection series, which has previously focused on paying tribute to just one outstanding individual in each of its monographic editions. Jörg Hamburger and Georg Staehelin were kindred spirits ever since they first met in 1977 while teaching at the Zurich School of Arts and Crafts. The posters they created together for exhibitions at the Kunstgewerbemuseum/Museum für Gestaltung Zürich offer a helpful point of reference in defining their specific attitude to design. This is characterized inter alia by extreme precision and a pared-down graphic style, coupled with a zest for experimentation that nonetheless always meets the audience as equals. However, in examining the œuvre of these two designers, who also had a close friendship rooted in great professional respect, this publication by no means wants to belabor an emphasis on common strands. Instead this book aims to offer readers an opportunity to experience the creative work of each of the designers in its own right, while not neglecting the surprising cross-connections that emerge over and over again.

Hamburger began designing compellingly rigorous exhibition posters for the Kunstgewerbemuseum Zürich at an early stage in his career. Whatever the theme, he produced memorable visual messages, drawing on photography, graphic design means or illustrations. Hamburger's Constructivism-honed eye becomes increasingly apparent, yet as early as the 1960s he was also conceiving unorthodox formulations. There is a clear visual link between his typographic designs from that era and Staehelin's 1990 work for the Museum für Gestaltung Basel. A further intriguing discovery awaiting readers: Hamburger's 1970s poster designs for the Städtebundtheater Biel-Solothurn. Here Hamburger works with punched-out motifs that break out of the rectangular pictorial frame. Functioning as a *pars pro toto,* these motifs symbolize each play's content, resisting the narrative-driven communication found in conventional theater posters. Here Hamburger, at times derided or criticized for his painstaking attention to detail, reveals an entirely different, playfully poetic facet of his prowess. The posters Hamburger and Staehelin produced together made their mark in the 1980s, and in this period Staehelin also created a number of solo poster designs for the Kunstgewerbemuseum/Museum für Gestaltung Zürich. The poster for the exhibition "Unbekannt – Vertraut" is emblematic of the inspiring exchanges between the two designers, whose refusal to succumb to passing fads produced iconic design solutions. The year 1990 marked the start of Staehelin's long-running cooperation with the Museum für Gestaltung Basel. His purely typographic, extremely sensitive visual articulation of the exhibitions' complex subject matter reveals a fascinating intelligence and inventiveness. As in Hamburger's works, the influence of Armin Hofmann, their common teacher, who so deftly combined sensual or emotional and rational approaches to design, is apparent here: that legacy remains a compelling hallmark that runs through more than forty years of work by Hamburger and Staehelin.

Bettina Richter

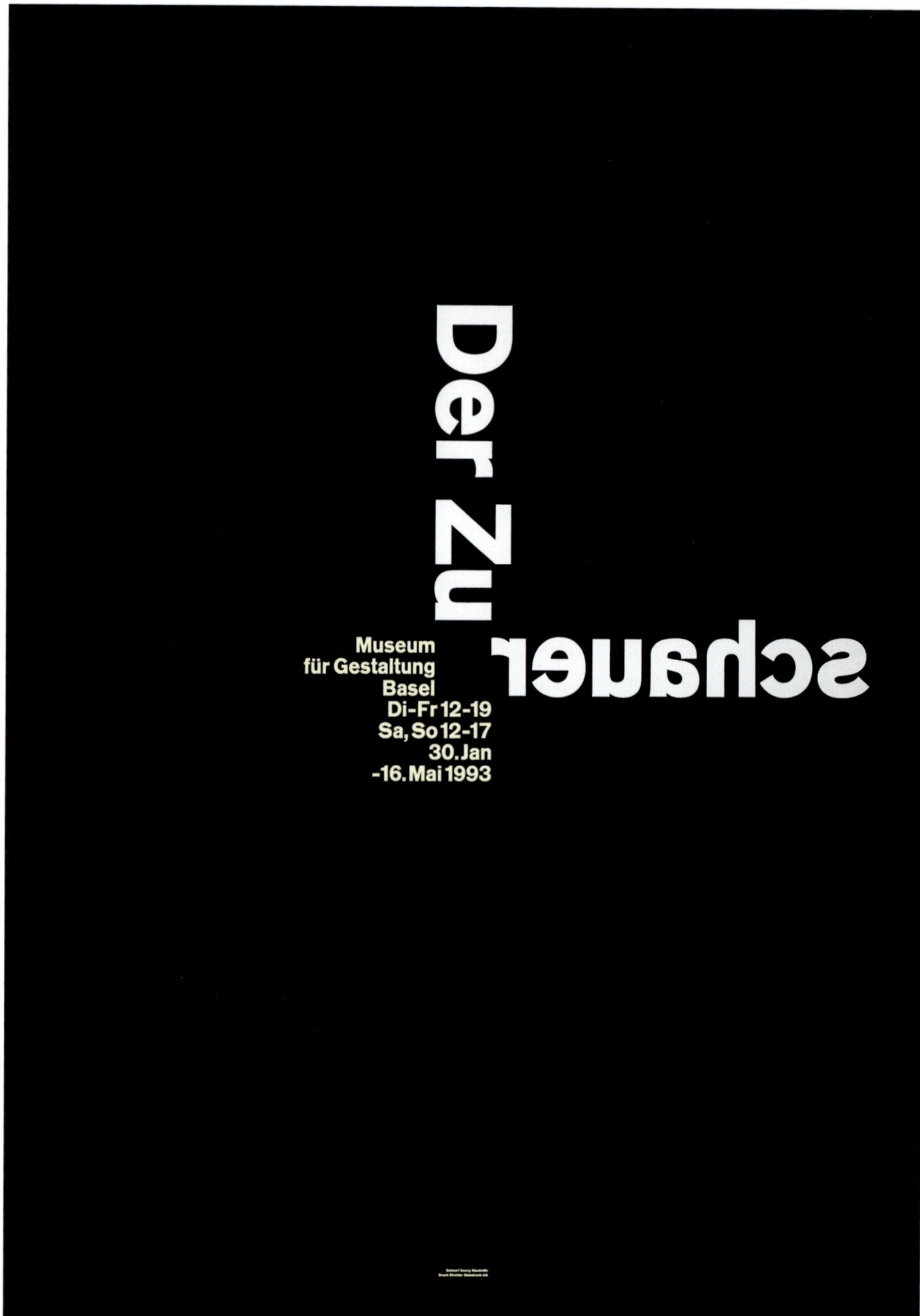

2 **Georg Staehelin**
Museum für Gestaltung Basel/Der Zuschauer
1993

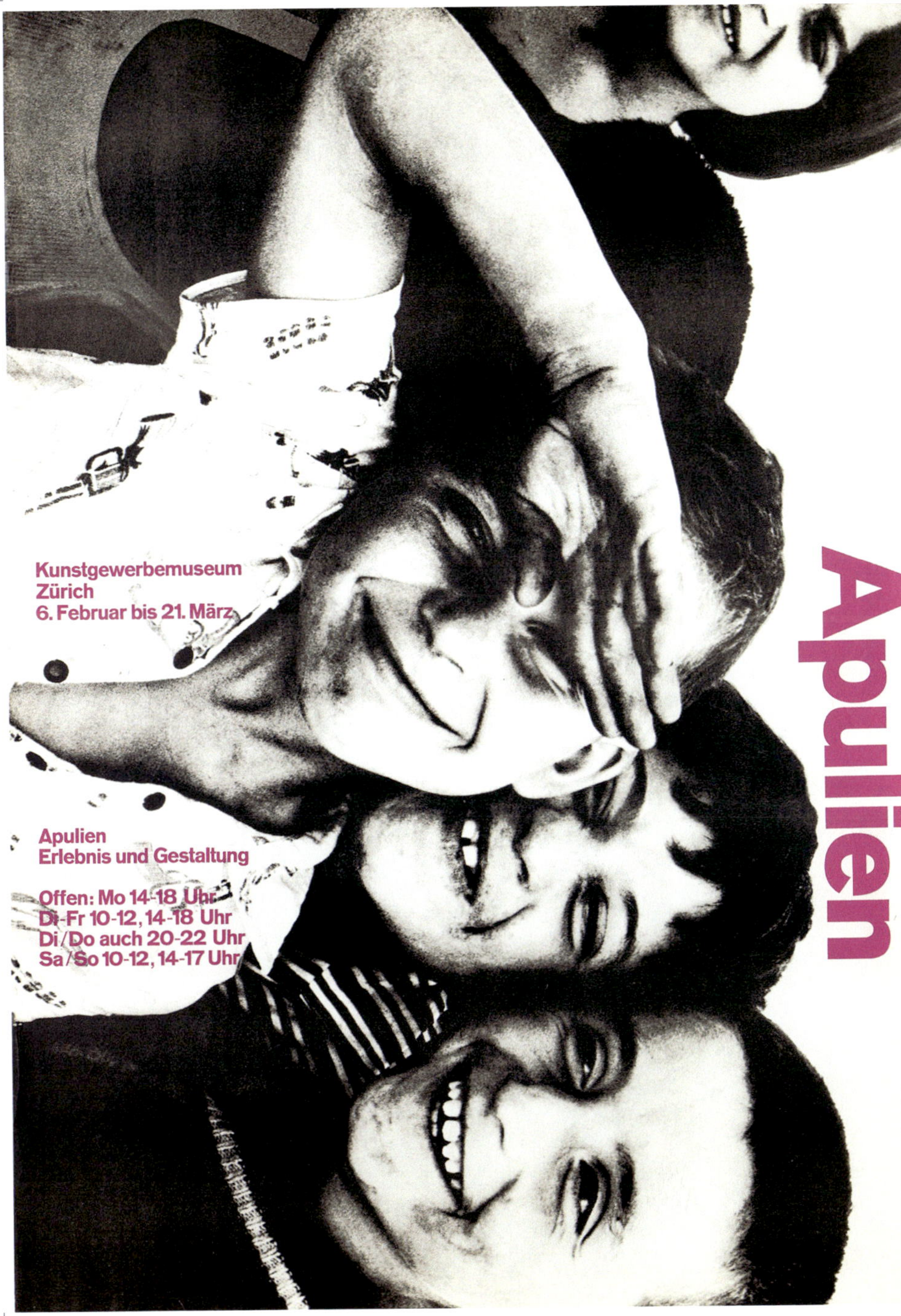

3 **Jörg Hamburger**
Kunstgewerbemuseum Zürich/Apulien/
Erlebnis und Gestaltung
1965

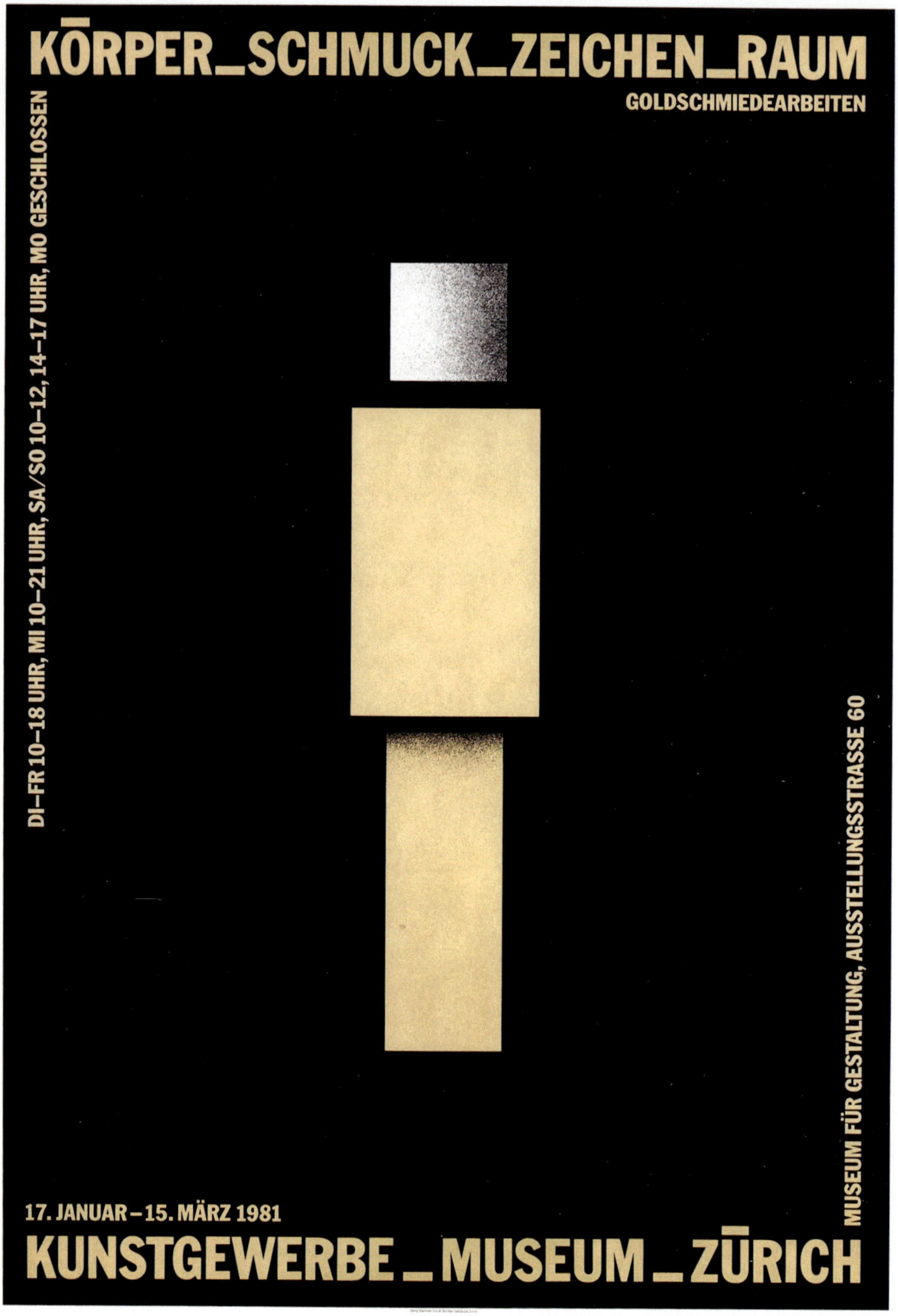

4 **Georg Staehelin**
Kunstgewerbemuseum Zürich/Körper – Schmuck – Zeichen – Raum
1981

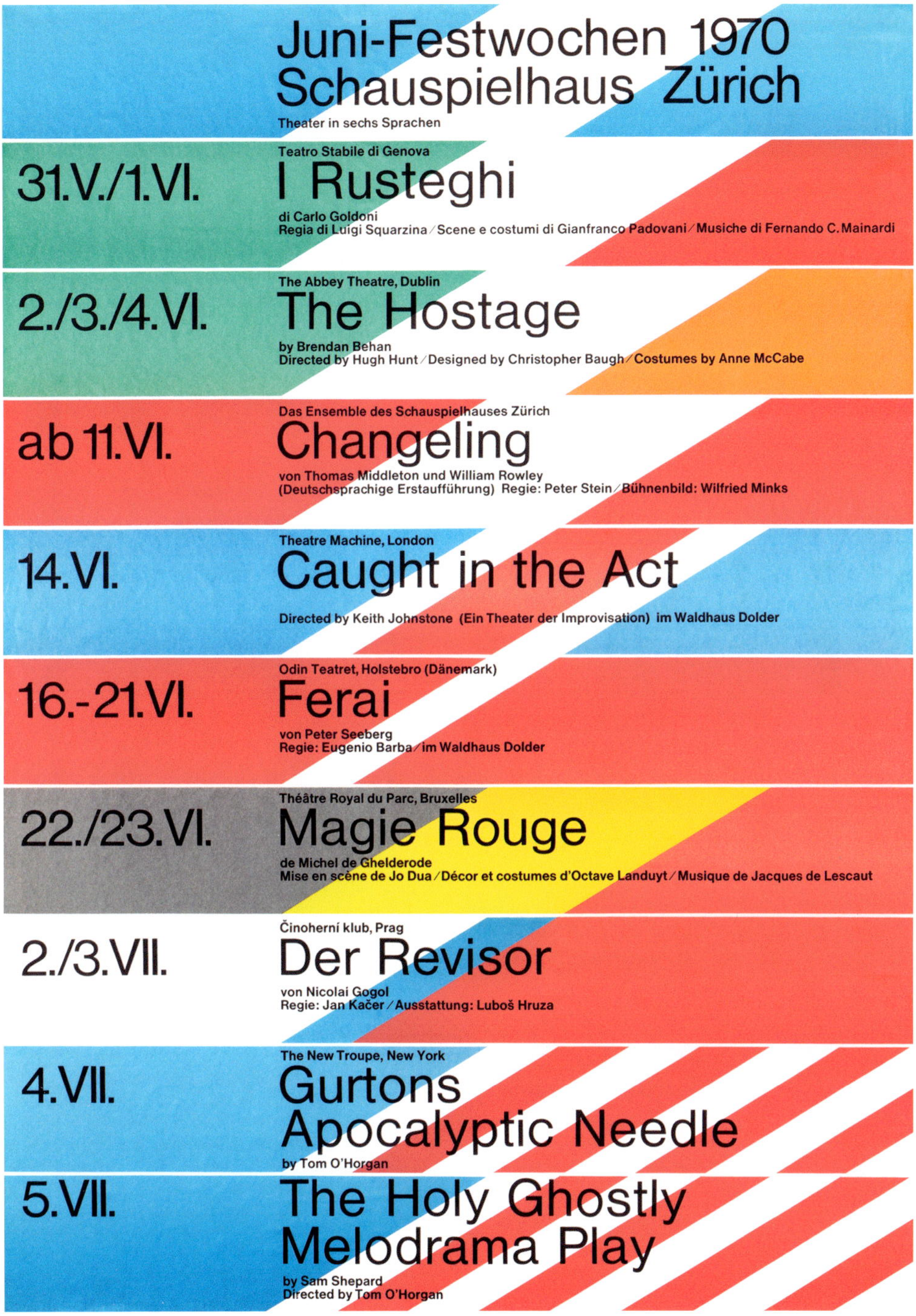

5 **Jörg Hamburger**
Schauspielhaus Zürich / Juni-Festwochen
1970

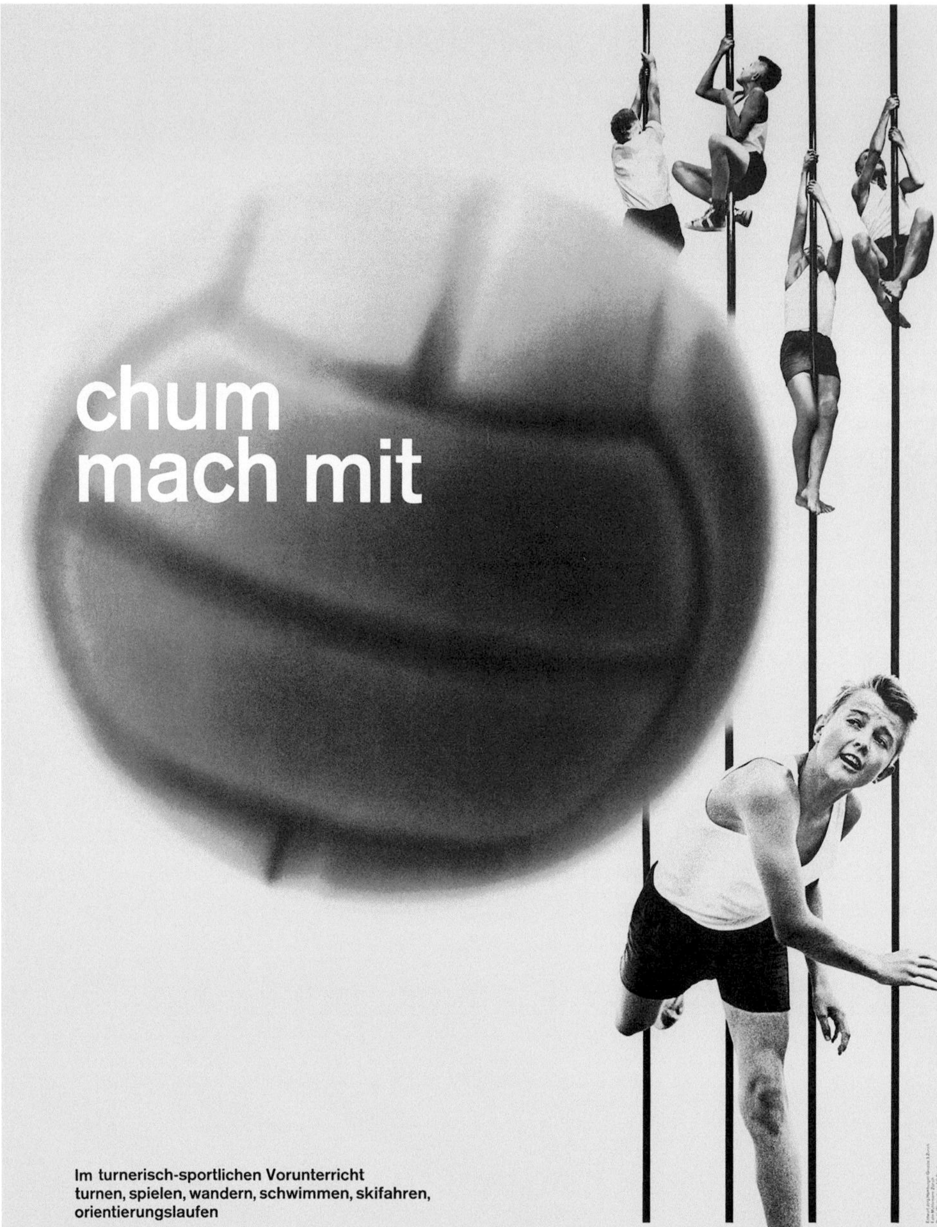

6 **Jörg Hamburger**
Chum mach mit
1962

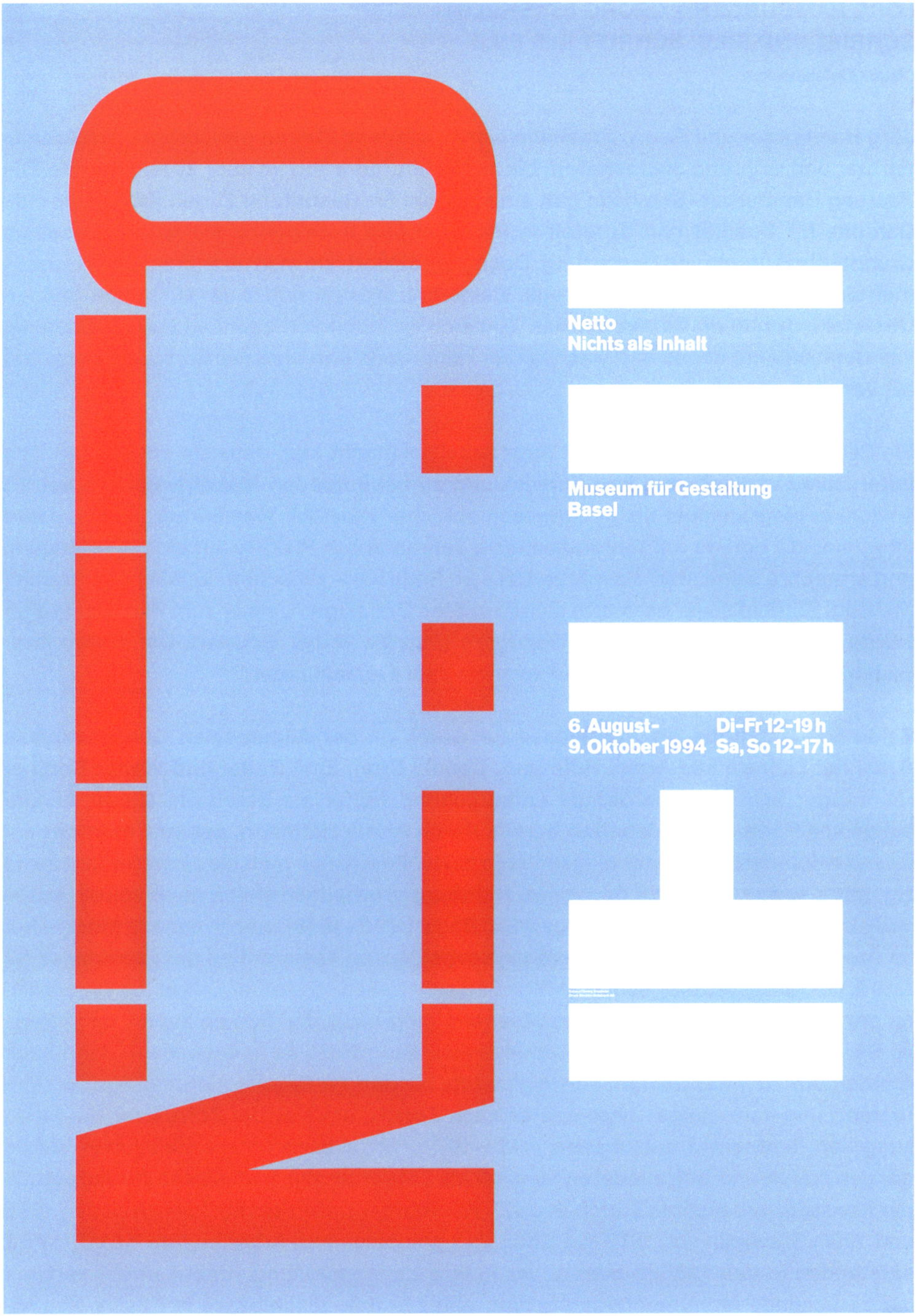

7 **Georg Staehelin**
Museum für Gestaltung Basel/Netto/Nichts als Inhalt
1994

JÖRG HAMBURGER – GEORG STAEHELIN
SCHRIFT UND BILD, SCHRIFT ALS BILD

Claude Lichtenstein

Jörg Hamburger und Georg Staehelin waren während Jahren projektbezogen Arbeitspartner und während Jahrzehnten, bis zu Hamburgers Tod im Jahr 2014, Freunde. Die Paarung Hamburger–Staehelin galt am Museum für Gestaltung Zürich (MfGZ) als eine Garantie für Qualität und Sorgfalt in Plakaten und Katalogen.[1] Sie teilten dieselben Grundauffassungen von Gestaltung. Doch gerade dort, wo man übereinstimmt, tauscht man sich verbal gar nicht so sehr aus. Vielmehr trifft man sich in der stillschweigenden Übereinkunft und im Gemeinsamen. Zugleich ist es im vorliegenden Fall so, dass dieses Gemeinsame etwas anderes war als Kongruenz und anderes hervorgebracht hat als Verwechselbarkeit.

Ein Blick auf die Entstehungszeit ihrer Arbeiten macht klar, dass ein erheblicher Zeitunterschied vorliegt, was ihre Entwicklung zu bedeutenden Plakatgestaltern betrifft, sowohl in biografischer als in zeitgeschichtlicher Hinsicht. Hamburger, sieben Jahre älter, machte bereits mit fünfundzwanzig Jahren durch Plakate auf sich aufmerksam und erbrachte seine stärksten Arbeiten – so finde ich – zwischen dreissig und fünfunddreissig. Staehelin war bereits in seinen späten Dreissigern, als er zum Plakatgestalter wurde, und fand erst in seinen Vierzigern ganz zu seiner Eigenart. Die ersten ihrer bedeutenden Arbeiten liegen rund zwanzig Jahre auseinander.

Beide besuchten sie die Fachklasse für Grafik an der Allgemeinen Gewerbeschule Basel mit Lehrern wie Armin Hofmann, Donald Brun, Emil Ruder und Walter Bodmer; Hamburger besuchte die Schule entsprechend früher als Staehelin. Dieser kannte einige von Hamburgers Arbeiten bereits durch Armin Hofmann, der im Unterricht auf ihre exemplarische Qualität hingewiesen hatte. Persönlich sind sie sich erst fast zwanzig Jahre später in Zürich begegnet. Hamburger arbeitete gleich nach seiner Ausbildung im Grafikstudio der J. R. Geigy AG in Basel (1955–1958), wurde danach Mitarbeiter im Atelier von Josef Müller-Brockmann sowie dessen Assistent an der Fachklasse für Grafik der Kunstgewerbeschule Zürich und sehr bald auch selber Lehrer für Typografie an der Fachklasse für Fotografie. Staehelin ging nach der Schule zuerst nach Paris zu Gérard Ifert (Arbeiten für die Landesausstellung Expo 64 in Lausanne), dann nach Amsterdam zu Total Design, von dort nach London zu Crosby Fletcher Forbes (Pentagram) und kam einige Jahre später nach Zürich, um hier die Schweizer Niederlassung von Pentagram aufzubauen (1969–1977). Mit diesen unterschiedlichen Werdegängen trafen und befreundeten sie sich als Lehrer an der Fachklasse für Fotografie der Kunstgewerbeschule Zürich (KGSZ). Hamburger unterrichtete hier zwischen 1958 und 1998, Staehelin von 1977 bis 1990. Ihre gemeinsamen Arbeiten fürs KGMZ/MfGZ entstanden in den 1980er-Jahren.[2] Ihr Plakat zur Ausstellung «Unbekannt – vertraut», die berückende Monumentaldarstellung eines Vorhängeschlosses in Positiv-Negativ-

1 Die Zusammenarbeit wurde dadurch gefördert, dass die Kataloge des MfGZ in dieser Zeit weit umfangreicher und somit arbeitsintensiver wurden als bis dahin üblich.
2 Der Name Kunstgewerbemuseum Zürich (KGMZ) wurde in den 1980er-Jahren sukzessive durch Museum für Gestaltung Zürich (MfGZ) ersetzt.

Umkehrung, ist mit seiner raffinierten Synergie aus foto-/typo-/grafischen Anteilen ein starkes Dokument für ihren gemeinsamen sicheren Zugriff 1.

Jörg Hamburger, obwohl körperlich eher zierlich, im Temperament zurückhaltend und fast schüchtern wirkend, wurde von den Studierenden trotz seines Spitznamens als «Kommabieger» in seinem unbeirrbaren Glauben an Genauigkeit ernst genommen. Seine Fähigkeit, mit Kurvenlineal und Zirkel, ja sogar von Hand, ganz regelmässig und harmonisch freie Kurvenscharen zeichnen zu können, war staunenswert und wurde als Beweis für eine geschärfte Wahrnehmung jenseits bloss zwanghafter Pedanterie verstanden 30. Seine *maîtrise* in allen technischen Belangen war stets gepaart mit bildnerischer Intelligenz. (Siehe auch die Signete auf S. 41) Damit brachte Hamburger in den Jahren 1958 bis 1961 seine Fähigkeiten im Werbeatelier von Josef Müller-Brockmann zur Entfaltung. Das dramaturgische Konzept des geometrisch unterlegten Bildbaus, der markanten Farbkontrastierungen, der asymmetrischen Flächenorganisation, der Verschränkungen und geschickten Montage von fotografischen und typografischen Elementen, alles mit dem Ziel der evidenten Bildaussage: Wir haben Grund zur Annahme, dass Hamburger – wie auch Nelly Rudin – bei der entwerferischen Artikulation dieses Programms von Müller-Brockmann von Bedeutung war. Sein erstes wichtiges Plakat nach der Zeit bei Müller-Brockmann lässt das Eigene jenseits jeglicher Rezeptur erkennen: «Chum mach mit» («komm, mach mit») – das lesen wir, das sehen wir im Plakat für sportlichen Vorunterricht, und wir ergänzen: und fange subito den Ball, damit du ihn nicht voll an die Nase bekommst! Noch Fragen? Keine Fragen. Das Bildzeichen, seine Rezeption und der Reflex, den es auslöst: Sie liegen buchstäblich auf einer Linie 6.

Auch Hamburgers Plakat zur Doppelausstellung «Keramik – Email» (KGMZ 1963) besticht durch die gestalterische Sicherheit, die es ausstrahlt. Rot in drei Tönen, drei vertikale Bahnen, zwei vertikal geschriebene Wörter – das ist alles. Die Binnenformen zwischen den beiden Wörtern wirken spannungsvoll, gerade weil sie sich aus der Abfolge und Konstellation ergeben. Die beiden Titelwörter sind von Hamburger selbst gezeichnet. Er muss darauf hingewirkt haben, dass die Buchstaben R und A der beiden Wörter durch die beiden Abstriche aliniert sind. Beides, die zustandekommenden Negativformen und die Lettern, baut eine subtile Spannung auf, die durch die kleineren schwarz gedruckten Hinweise nahe dem oberen Rand noch akzentuiert wird 19.

Bestechend ist bisweilen die Verbindung von Straffheit und Lockerheit in seinen Arbeiten. Beim Plakat «Apulien» (1965) verdeutlicht dies Hamburgers Verwendung einer wunderbaren Fotografie der damaligen Fotografiestudentin Doris Quarella. Er wählte sie vermutlich wegen des schräggelegten Lausbubenkopfs aus und machte sie durch Drehung um 90 Grad zu einem Hochformat; der helle Stoff des Hemdes ergibt links das Feld für die Angaben zur Ausstellung, mit dem zusammen am rechten Rand der gross geschriebene Titel verklammert ist. Das Schwarzweiss der Fotografie und die Typografie in Magenta wirken kraftvoll zusammen 3.

Von 1960 bis 1967 bildete Hamburger zusammen mit dem Innenarchitekten Alf Aebersold und dem Schmuckgestalter Herbert Merz die Gruppe 3, deren Tätigkeitsfeld unter anderem die integrale Erarbeitung von Ausstellungen, Plakaten und Katalogen war. Im Auftrag des KGMZ realisierte sie 1965 die Ausstellung «Ornament? Ohne Ornament». Der Katalog sprengte den damals üblichen Umfang und bestand aus fünf Heften in einem Schuber. Hamburger entwickelte die verwandte – nicht identische – Lösung zugleich für die Hefte und für drei Plakat-Varianten (einzeln oder auch als B12-Dreierblock). Aus dem uni roten Hochformat löst sich durch zunehmend gröbere Rasterung ein weisser Querstreifen, dessen Basislinie ein Quadrat markiert. Er steht bei allen Varianten an derselben Stelle. Der aus drei Wörtern bestehende Titel mit dem Fragezeichen wird hingegen in den Varianten gleichsam nach unten gescrollt, wodurch die Bedeutung des Titels – in einer Zeit, als jedes Ornament als des Teufels galt – in seiner (positiven) Frag-Würdigkeit zum Ausdruck kommt 53. Eine Lösung wie diese schlägt einen weiten Bogen zu den viel späteren Arbeiten Georg Staehelins.

Als wegweisend in szenografischer Hinsicht gilt die Ausstellung «Modellfall Citroën» der Gruppe 3 (1967). Deren Würdigung muss sich hier auf den Hinweis beschränken, dass Hamburger im Plakat durch eine subtile Entscheidung das ungewöhnliche Schluckvermögen der 2CV-Federung verdeutlicht: dadurch, dass er im Radbereich die Unterkante des Chassis weglässt 24.

Hamburger arbeitete lange Jahre für das Städtebundtheater Biel-Solothurn und seinen Intendanten Alex Freihart. Einige seiner zahlreichen Kleinplakate, die etwa in Ladeneingängen hingen, sind hier wiedergegeben. Ihr Erkennungsmerkmal ist stets eine rechts weggestanzte Partie, die in ständiger Variation, stets bezogen auf das visuelle Sujet, Aufmerksamkeit und die gewünschte institutionelle Identität schuf 55–61.

Für das Theaterprogramm in den Junifestwochen 1970 des Schauspielhauses Zürich (in der legendären Spielzeit Löffler/Stein) fand Hamburger eine bestechende Lösung. Der Spielplan gab die Reihenfolge der Aufführungen durch die Theaterensembles aus verschiedenen Ländern vor. Daraus ergab sich eine Gliederung in zehn horizontale Felder. Rechts von der vertikalen Mittelachse, wo die Autoren und Stücktitel sowie die Namen der eingeladenen Theater aus verschiedenen Ländern angegeben waren, führen in einem Winkel von etwa 40 Grad in jedem Feld Diagonalen nach rechts oben. Der oberste Streifen, blau-weiss, entspricht damit dem Zürcher Wappen; analog dazu enthält jeder Streifen die Nationalfarben des betreffenden Gastspieltheaters. Der zweitoberste Streifen repräsentiert die italienische Trikolore, der dritte die irischen Farben, und so weiter. Doch ebenso wichtig wie die gewählte Systemlogik waren die gestalterischen Entscheidungen, die zu treffen blieben. Da die belgischen Farben schwarz-gelb-rot sind, entsteht links ein Problem mit der schwarzen Schrift: Soll dort die Schrift weiss gekontert sein? Das würde das Bindegewebe stören. Also nicht. Hamburger entschied sich stattdessen für ein mittleres Grau, das der Schrift die gute Lesbarkeit beliess. Oder: Zwar teilen die britische und amerikanische Flagge dieselben Farben, doch Hamburger fand im Diagonalraster auch ein sinnfälliges Differenzierungsmittel. Das spannungsreiche Beziehungsgefüge von vorgegebenen Spielregeln und darüber gelegten freien gestalterischen Entscheidungen sind von exemplarischem Rang 5.

Hamburger erweist sich in all diesen Arbeiten als konzeptionell starker Gestalter mit verständigem Interesse für die Inhalte. Er hat niemals nur nach äusserlichen Eindrücken gestaltet. Und er bewies immer wieder bei nicht einfachen Problemen Mut zu markanten Lösungen. Für die Ausstellung der Preisträger des eidgenössischen Stipendiums für angewandte Kunst verzichtete er 1991 auf eine Abbildung der preisgekrönten Arbeiten und wählte das Thema einer morphologischen Transformation (von Volumen zu Fläche zu Kante) als Ausdrucksmittel. Dies folgte dem Wunsch des Präsidenten der Designkommission, Andreas Christen, das Plakat in aufeinanderfolgenden Jahren in verschiedenen Farbstellungen verwenden zu können 89–91.

Die Behandlung eines verwandten Themas durch ihn und Georg Staehelin im Abstand von vier Jahrzehnten macht eines deutlich: die Veränderung des visuellen Sprechens (im Sinn von *langue* und *parole*) als naheliegende Reaktion auf den Lauf der Zeit. 1962 gestaltete Hamburger das Ausstellungsplakat «Das Kind und seine Welt» unter Verwendung einer Aufnahme des Studenten Fredi M. Murer 63.[3] Sein Plakat ist unmittelbar anschaulich. Und 2001 veranstaltete das Deutsche Plakatmuseum Essen zusammen mit dem Deutschen Kinderschutzbund einen internationalen Wettbewerb zum Thema «Kinder sind der Rhythmus dieser Welt.» Staehelin verzichtete in seinem Vorschlag auf unmittelbar «kindliche» Anschaulichkeit, zerlegte stattdessen den Titel in die einzelnen Lettern und ordnete diese zu Binnenfiguren an, die aus den typografischen Elementen (die sie ja sind) zugleich so etwas wie Bilderzellen machen. Zum Beispiel: Das erste Zeichen des Titels (K) und das letzte (.) werden zum K, das mit einem Punkt (oder Ball) spielt. Die Buchstaben treten (vielleicht) an die Stelle von Kindern, und sie treiben (vielleicht) miteinander die verschiedensten Spiele – mit Ein- und Zwischenfällen: Neben den beiden i liegt ein weiteres i, (vielleicht) weil es umgeworfen wurde (oder) sich trotzig zu Boden geworfen hat 86. Ist das von Staehelin so gemeint? Nun, gemeint ist, dass die spezifische Ausdeutung vom Betrachter kommt: das Plakat als Spielfeld für Assoziationen bei den Betrachtenden. Was ist in den vierzig Jahren passiert? Ausdrucksvolle «gute» Fotografie war, als vorbildlich, dem Verschleiss ausgesetzt und hat sich zu Klischees verfestigt; an Stelle von deren Evidenz mussten neue Formen der Artikulation treten. Georg Staehelin hat seine Ausdrucksweise gefunden: in seinem Ansatz, den ich bezeichnen möchte als eine Art, in die Wörter hinein zu gehen, bis die Routine von ihnen abfällt und sie einem fremd werden, um dann aus ihnen wieder herauszukommen, wobei sie eine Art Runderneuerung erfahren haben. Das Publikum ist eingeladen, diese Bewegung mitzuvollziehen. Zwischen Entwurf und Rezeption, «Wahrgebung» und Wahrnehmung beginnt ein galvanischer Strom zu fliessen. Unnötig zu sagen, dass ein solches Plakat nicht unter der Fuchtel der Werbewirtschaft stehen

3 Der als Filmregisseur bedeutend gewordene Fredi M. Murer war damals Schüler in der Fachklasse für Fotografie.

kann, wonach es seinen Sinn in zwei Sekunden zu offenbaren hat, ansonsten es für die Katz ist. Georg Staehelin sagt: «Die beste Botschaft nützt nichts, wenn man sie nicht erkennt, weil man nicht durch die Optik gestoppt wird. Die Optik muss das Interesse wecken.»[4] Seine frühen Arbeiten waren noch stark bildhaft 4. Und das Bild ist bei ihm immer wichtig geblieben – auch dort, wo er scheinbar rein typografisch arbeitet. Aber er benutzt das typografische Material, wie gesagt, nicht nur typografisch – in dem Sinn, wie der Typograf auf die Wörter blickt –, sondern indem er sie von innen ausleuchtet. In diesem Punkt liegt ein Unterschied zwischen Hamburger und Staehelin.

Bereits in seiner ersten Arbeit für das KGMZ, ein Gemeinschaftsprojekt zusammen mit dem Kanton Glarus (1979), bewies er Erfindungsgabe. Es lief unter dem Motto «100 Jahre Eisenbahn im Glarnerland». Staehelin machte es zum Signet, indem er es wie das zentralperspektivische Bild eines Gleises behandelte.[5] Beim Ausstellungsplakat «Die Schiene öffnet ein Tal» griff er dieses bildnerische Thema mit der Fotografie des damaligen Studenten Daniel Schwartz und dem historischen Stich der Endstation Linthal auf und kombinierte die drei Elemente sinnreich 71. Das ist essenzieller Georg Staehelin: Der Schriftsatz ist dabei nicht einfach geschriebene Sprache, sondern wird als Bild so behandelt, wie die Sprache es nicht vermöchte. So kann Schrift auch seitenverkehrt werden, siehe die Plakate «Der Zuschauer» oder «Rechts oder links» bzw. «Links oder rechts» (dies in zwei Farbvarianten – rot und schwarz – mit entsprechenden politischen Konnotationen). Oder eine Gestaltungsidee kann auf die Transparenz des beidseitig bedruckten Transparentpapiers gegründet werden und so eine unübertreffliche Nähe zum Thema herstellen («Schatten, Schatten. Der Schatten – das älteste Medium der Welt», eine Lösung, bei der ich gerne Platons Gesichtsausdruck sähe) 2, 20, 100, 101. Staehelin verweist auf die enge Freundschaft mit seinem verstorbenen Grafikerkollegen Reinhart Morscher, mit dem er die Faszination für das (scheinbare) Paradox der gesteigerten Präsenz des Abwesenden teilte, eine gemeinsame Faszination auch für den Wortkünstler Ernst Jandl, der durch die Bewegung scheinbar weg vom konventionellen Wortsinn ihn erst recht gegen das Licht hält.[6] In diesem Punkt lässt sich auch das Vorbild Armin Hofmanns erkennen, der in seinen Arbeiten beim Verbinden von Schrift und Bild immer wieder jene Unmittelbarkeit des Erstklässlers aufrief, bei dem das Lesen noch nicht zur Routine geworden ist. «Im Gegensatz zur Schrift strahlt das Bild Bewegungen, Tonwerte und Formen als unmittelbar wirkende Kräfte aus», schrieb Hofmann 1965.[7] Georg Staehelin behandelt die Schrift als Bild – Jörg Hamburger tut das nicht. Schon ganz früh, in seiner Pentagram-Zeit entwarf Staehelin so den Schriftzug für Kosmetikprodukte der Marke «club jolie femme» 43. Sein Schriftzug/Logo des Einrichtungsgeschäfts «Abitare» beruht auf der Gebärde des Eingrenzens von Raum, die erst eine Wohnung oder Büroraum heimisch macht: Das ist bildhaft, ebenso der kostbare Faden im Schriftzug/Logo des Modelabels «Akris» 41, 42. Schriftzug und Logo sind bei Staehelin oft eins, was seinem Interesse an der Verbindung von Schrift und Bild entspricht. Und manchmal wird das Schriftbild sogar zum Tonbild: «ah/oh/mmmh/ah (Aroma, Aroma – Versuch über den Geruch)» oder «xtre––––em

4 Georg Staehelin im Gespräch, März 2017.

5 Der Kanton Glarus hatte die KGSZ und das KGMZ mit dem Projekt beauftragt, zu dessen inhaltlicher Begleitung der Dozent der Fachklasse für Fotografie, Rudolf Lichtsteiner, den Schriftsteller Hugo Loetscher beizog. (Mit gleichnamigem Katalog).

6 Vgl. C. Lichtenstein: *Der Hervorgestalter. Anmerkungen zu Reinhart Morscher.* Basel 2010 (Verlag Chamäleon), S. 4ff. Leicht gekürzte Fassung in *TM (Typografische Monatsblätter)* 2/2012, S. 3–16.

(extrem – absolut ultimativ)» 16/73. Das heisst: Er führt Schrift auf ihren Ursprung, die Sprache, mehr noch: auf das Sprechen zurück. Das ist feinwitzig (nicht «lustig»), und womöglich haben sich dabei Basler Wortwitz (seine Herkunft), englischer Humor (seine Londoner Werbejahre) und der freundschaftliche Austausch mit Reinhart Morscher zu einem *blend* subtiler Verschmitztheit verbunden, der seinesgleichen sucht.

Das Plakat zur Ausstellung «Licht» für Wohnbedarf Zürich (1988) war der Auftakt für eine ganze Werkgruppe von Plakaten zu spekulativen Ausstellungen des Museums für Gestaltung Basel. Spekulativ deswegen, weil es sich immer um thematische Setzungen handelte, bei denen es zumindest zum Zeitpunkt der Auftragserteilung keinerlei Entsprechung auf der Objektebene gab: Explorationen ins Freie also. Im «Licht»-Plakat für Wohnbedarf macht die typografisch-grafische Gestaltung das, was der gebündelte Lichtstrahl macht. Er durchbohrt das Dunkel. In Wirklichkeit ist ein so scharfer Lichtstrahl höchst unangenehm; aber niemand wird die Gestaltung für bare Münze nehmen, sondern sie als das verstehen, was sie sein will: eine Aufforderung, sich mit dem Thema Raumbeleuchtung zu befassen 68. Der erste Auftrag seitens des Museums für Gestaltung Basel (MfGB) betraf dasselbe Thema, und daraus entwickelte sich eine langjährige Zusammenarbeit mit den Kuratoren Bruno Haldner und Matthias Götz, in deren Verlauf während eines Jahrzehnts über zwanzig Plakate entstanden. Von einigen war oben bereits die Rede. Die Voraussetzungen erwiesen sich für Staehelin als ideal; ausser dem Projekttitel war im Zeitpunkt der Auftragserteilung nie etwas konkret, geschweige denn, dass bereits Exponate bekannt gewesen wären. Es waren dies Projekte im eigentlichen Wortsinn: nach vorne geworfene Fragestellungen in Form von Stichwörtern, Begriffen, deren genereller Sinnanspruch durch das Medium der Ausstellung einem Austauschprozess ausgesetzt wurde und sich dabei in Sinnmöglichkeiten und -schattierungen auffächerte: zusätzlich zu den bereits erwähnten etwa «Risiko»; «Netto (nichts als Inhalt)»; «Geräusche (ein Hörspiel)» 7, 81, 95. Bisweilen ergaben sich überraschende Erkenntnisse. Das Plakat «Schmutz und Sauberkeit» basierte auf minimalen Helligkeitsunterschieden von Reinweiss auf Schmutzigweiss 83. Das sehr hellgraue Kreuz hatte die Aufgabe, die Lesbarkeit zu unterstützen.[8] Das Plakat «Geräusche (ein Hörspiel)» macht Anleihen bei den Futuristen, bei Schwitters, Gomringer und der konkreten Poesie, desgleichen «Aroma, Aroma», auch «Extrem», «Netto», «Rechts oder links», doch zugleich muss gesagt werden, dass Staehelin zwar diese Referenzen kennt, aber nicht zitiert. Deswegen wäre es auch falsch, bei diesen Arbeiten von einer «Strategie» zu sprechen. Läge ihnen eine Strategie zugrunde, wären die Lösungen Applikationen. Aber gerade das sind sie nicht, vielmehr sind es Funde.

Nie leichte Funde, ebensowenig das Resultat einer sichtbar angestrengten Suche, hingegen jenes aus der konzentrierten Befragung der Aufgabe. Die Bereitschaft, sich jedes Mal aufs Neue darauf einzulassen, und die Fähigkeit, zu jedem neuen Problem eine überzeugende Lösung zu entwickeln, sind das freundschaftlich Gemeinsame in den beruflichen Überzeugungen von Jörg Hamburger und Georg Staehelin.

7 Vgl. A. Hofmann: *Methodik der Form- und Bildgestaltung. Aufbau–Synthese–Anwendung/Manuel de création graphique. Forme–synthèse–application/Graphic Design Manual. Principles and Practice.* Teufen 1965 (Verlag Arthur Niggli), S. 17.

8 Staehelin vernahm zu seiner Überraschung nachträglich, dass die Abwässer-Ämter eine grobe Reinheitsüberprüfung tatsächlich mithilfe eines schwach lesbaren Kreuzes auf dem Boden eines Glasgefässes vornehmen – nur ein Zufall oder mehr als das: ein In-eins-Fallen?

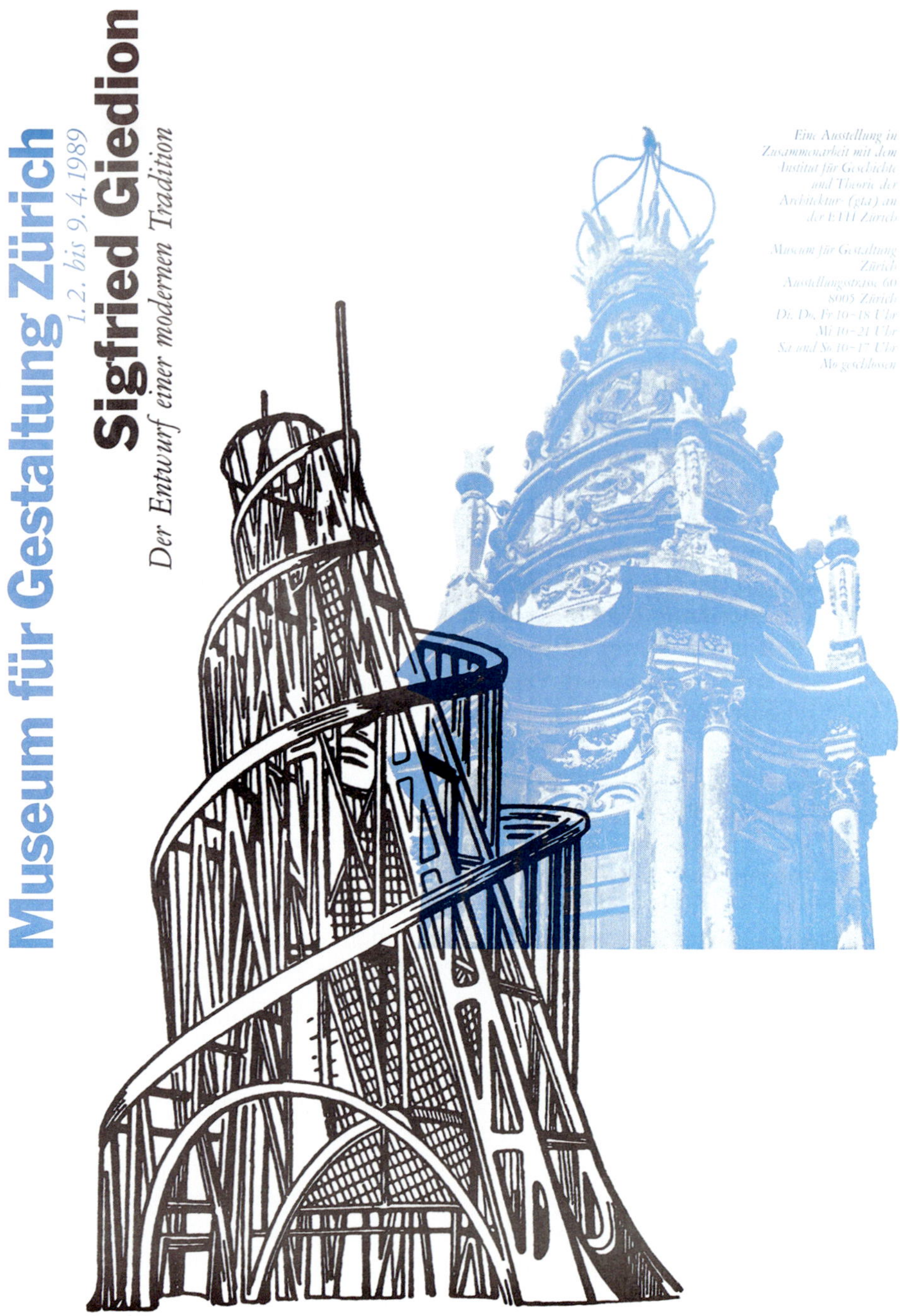

8 **Jörg Hamburger**
Museum für Gestaltung Zürich/Sigfried Giedion
1989

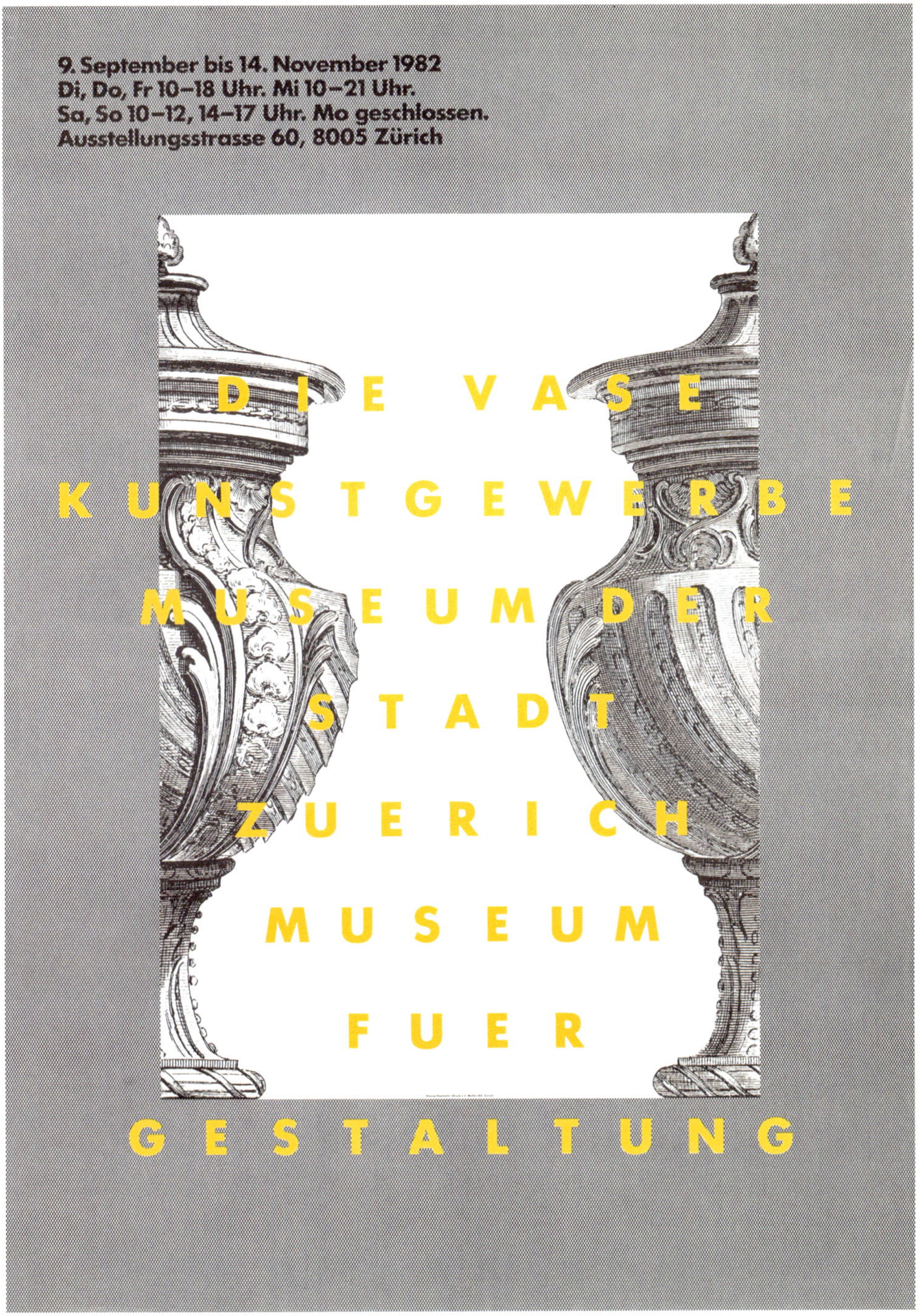

9 **Georg Staehelin**
Kunstgewerbemuseum der Stadt Zürich/Museum für Gestaltung/Die Vase
1982

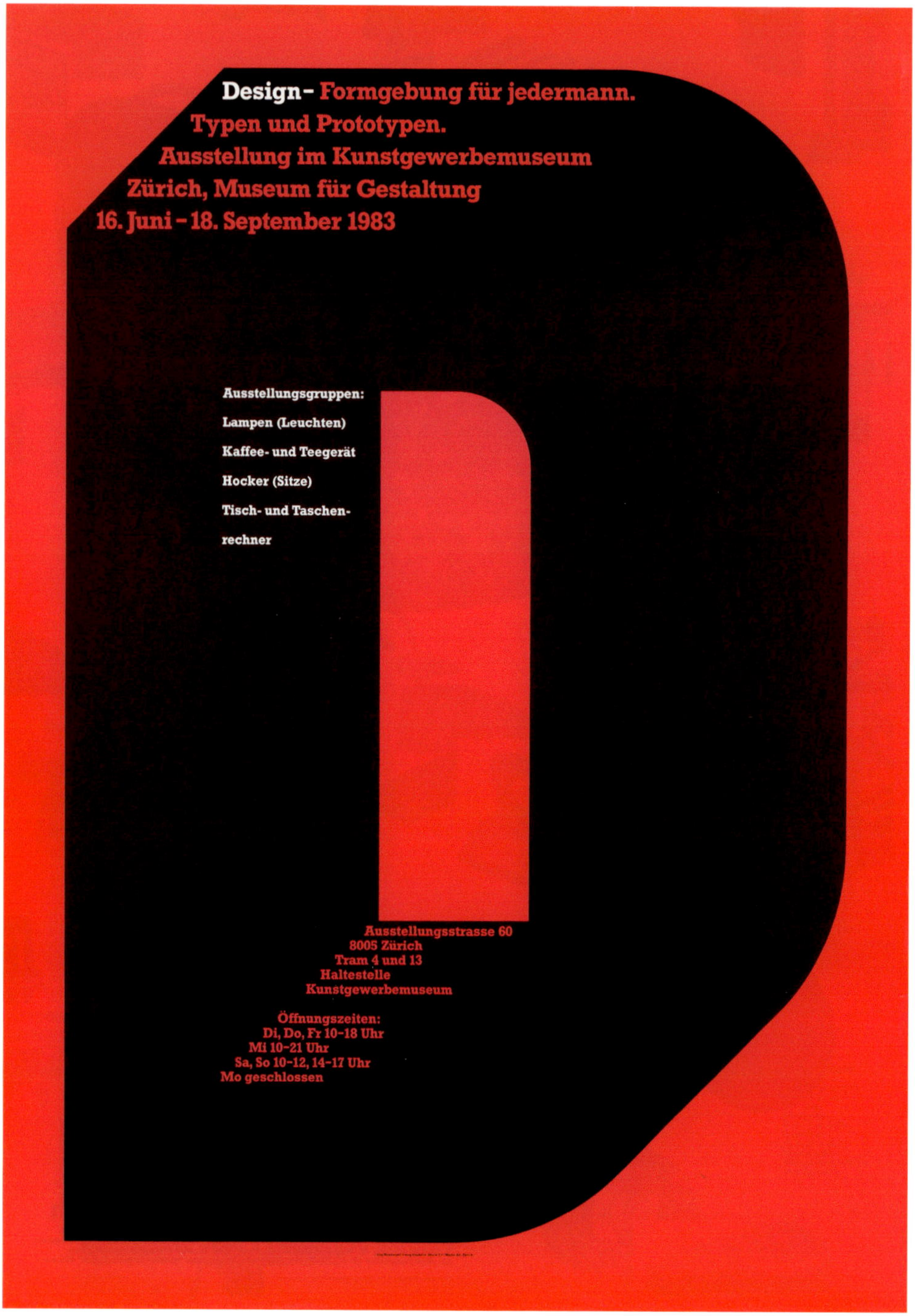

12 **Jörg Hamburger/Georg Staehelin**
Kunstgewerbemuseum Zürich/Museum für Gestaltung/
Design – Formgebung für jedermann.
1983

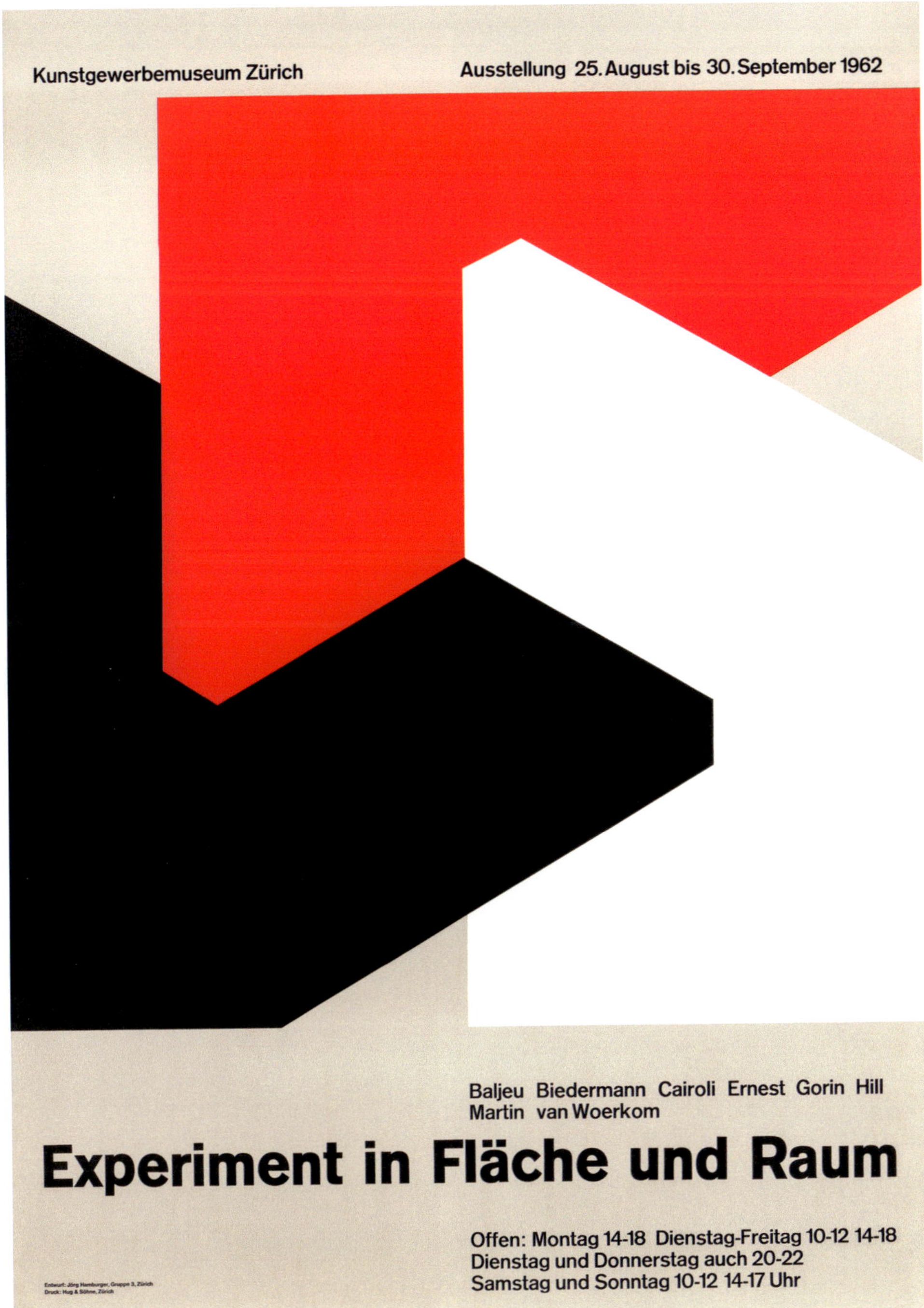

13 **Jörg Hamburger**
Kunstgewerbemuseum Zürich/Experiment in Fläche und Raum
1962

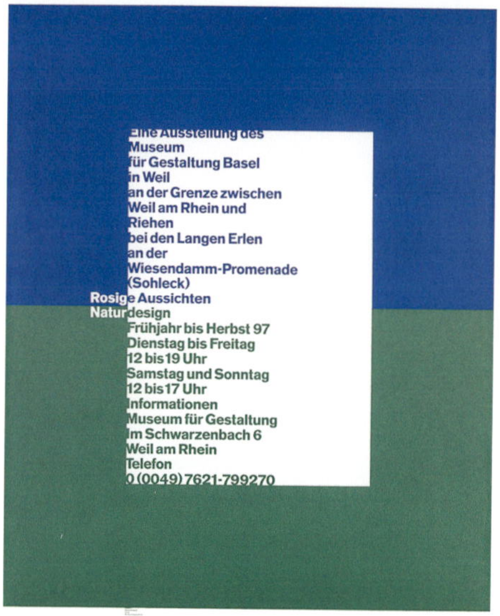

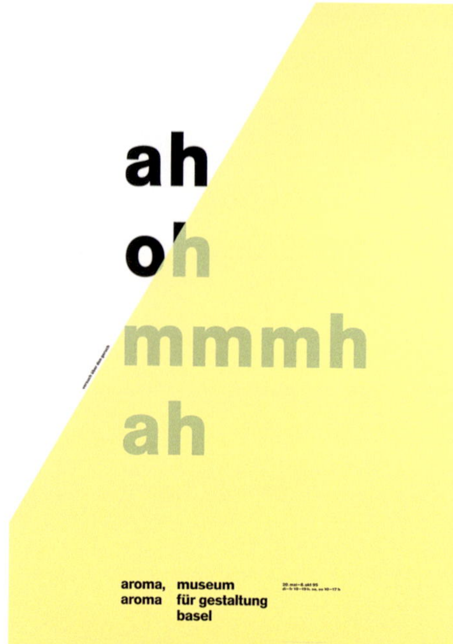

14 **Georg Staehelin**
Museum für Gestaltung Basel in Weil/Rosige Aussichten
1997

15 **Georg Staehelin**
Museum für Gestaltung Basel in der Galerie Margrit Gass/Modell Schweiz, 1996

16 **Georg Staehelin**
Museum für Gestaltung Basel/ah oh mmmh ah/Aroma
1995

17 **Georg Staehelin**
Museum für Gestaltung Basel/Über den Boden
1993

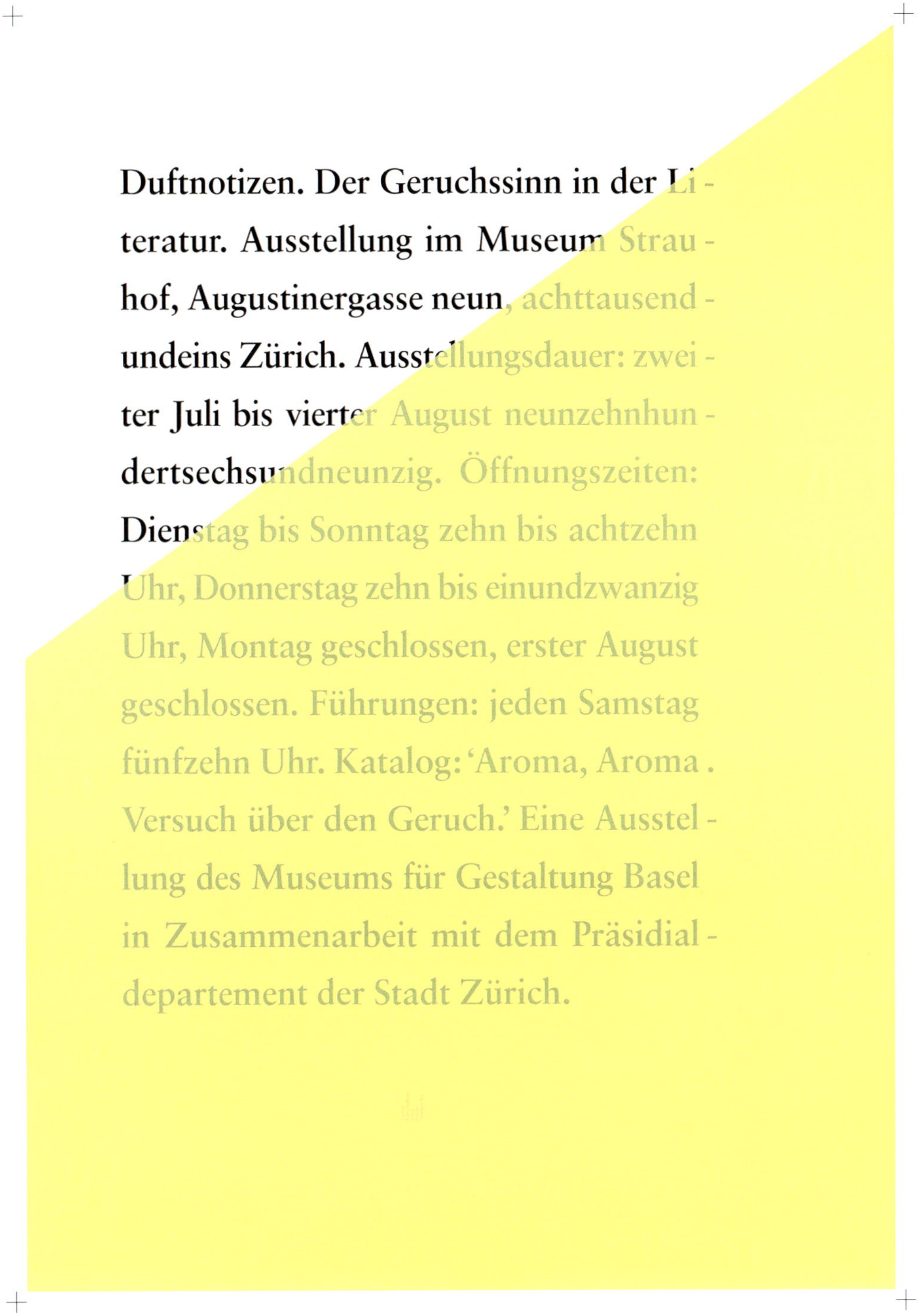

18 **Georg Staehelin**
Museum Strauhof Zürich/Duftnotizen.
1996

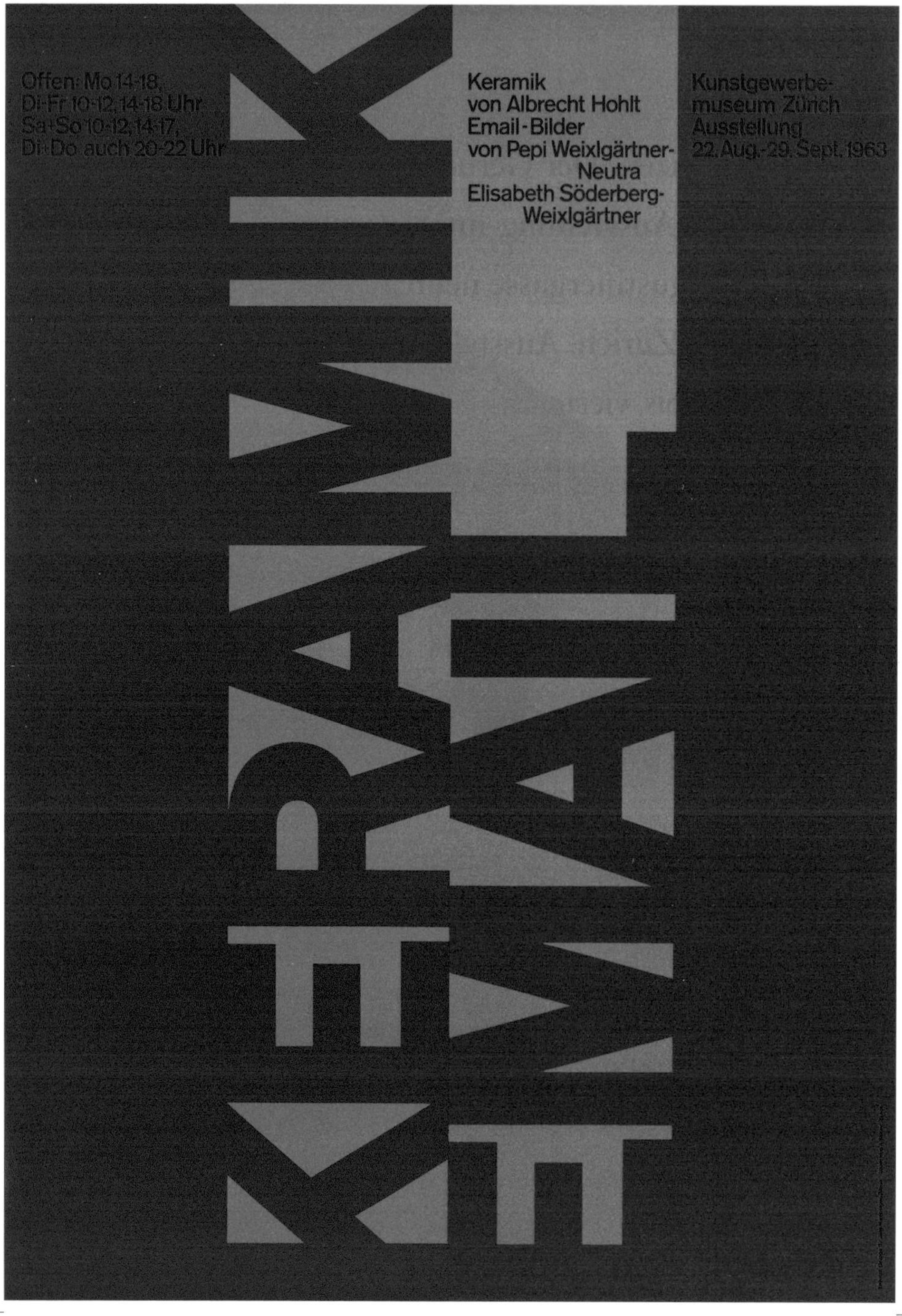

19 **Jörg Hamburger**
Kunstgewerbemuseum Zürich/Keramik/Email
1963

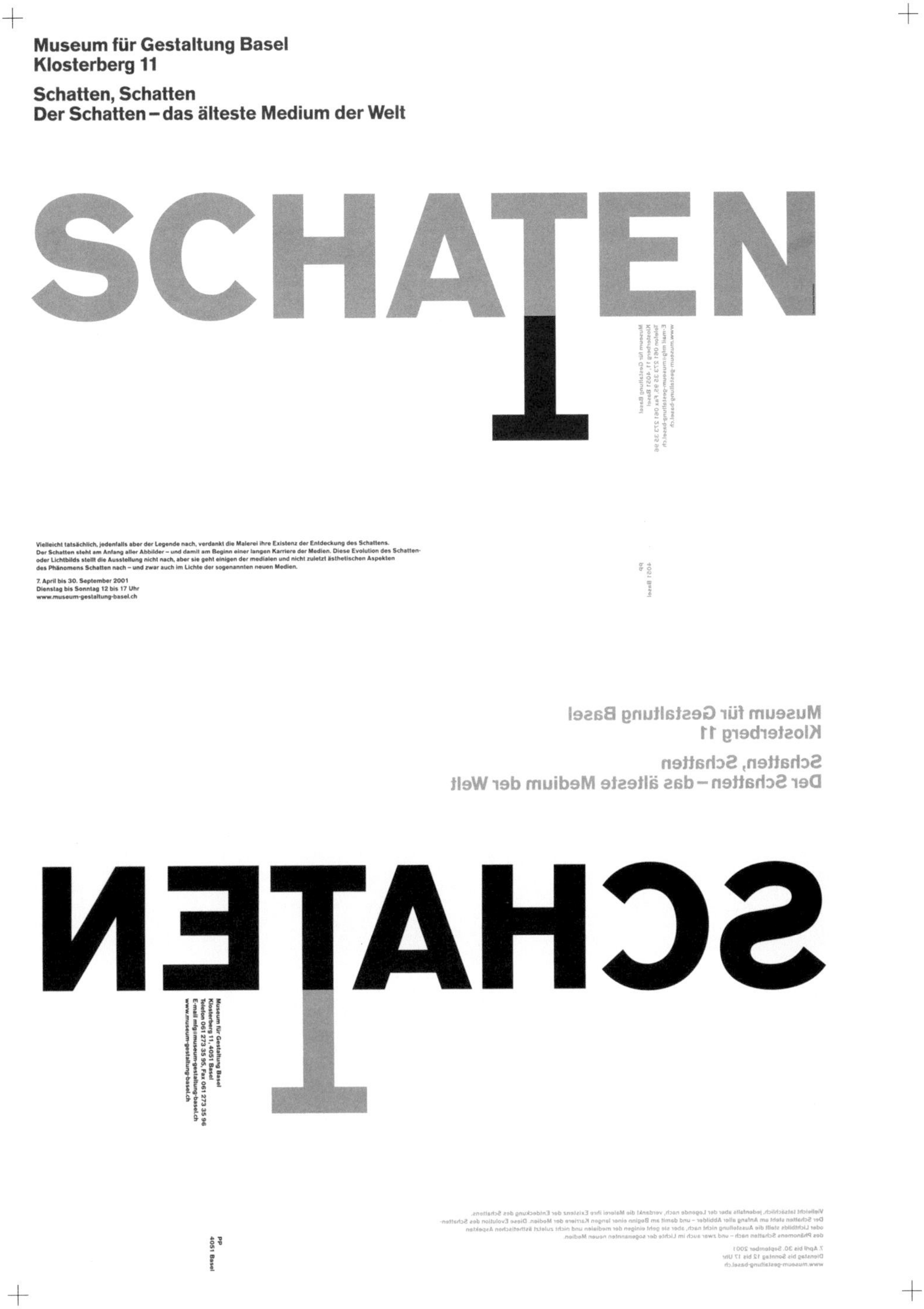

20 **Georg Staehelin**
Museum für Gestaltung Basel/Schatten
(Vorder- und Rückseite des Plakats)
2001

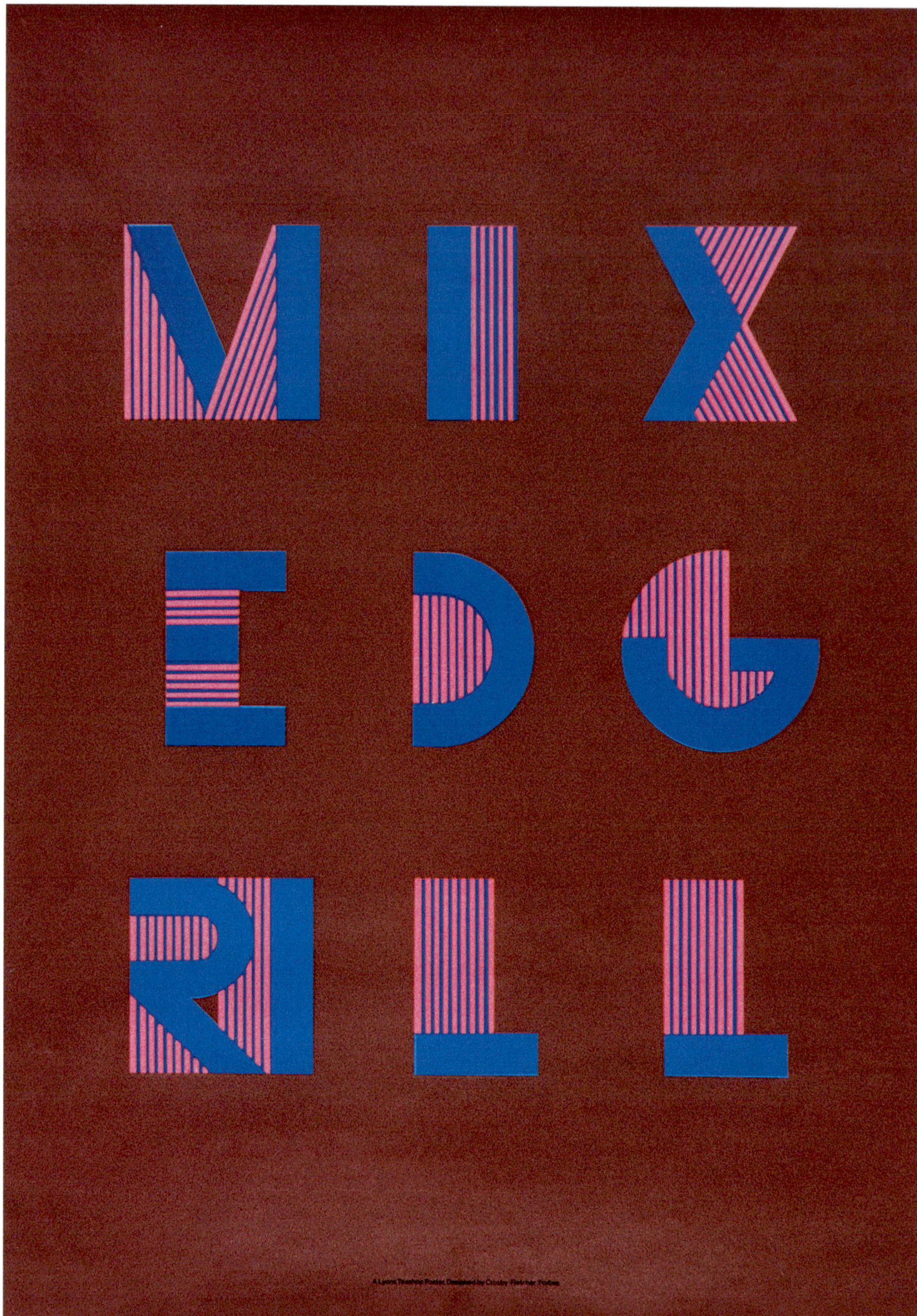

21 **Georg Staehelin**
Mixed Grill
1968

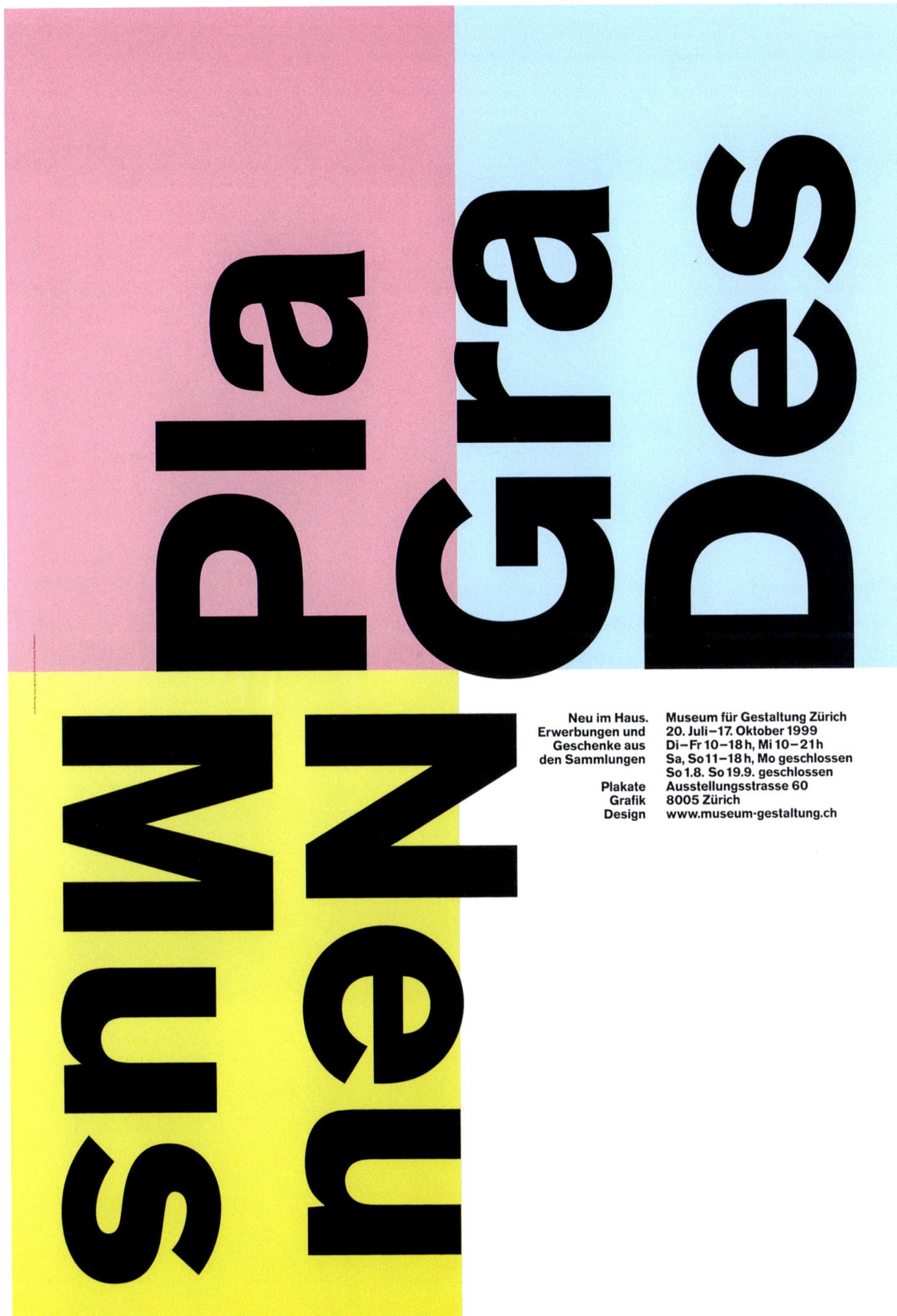

22 **Georg Staehelin**
Museum für Gestaltung Zürich/Pla/Gra/Des/
Neu im Haus.
1999

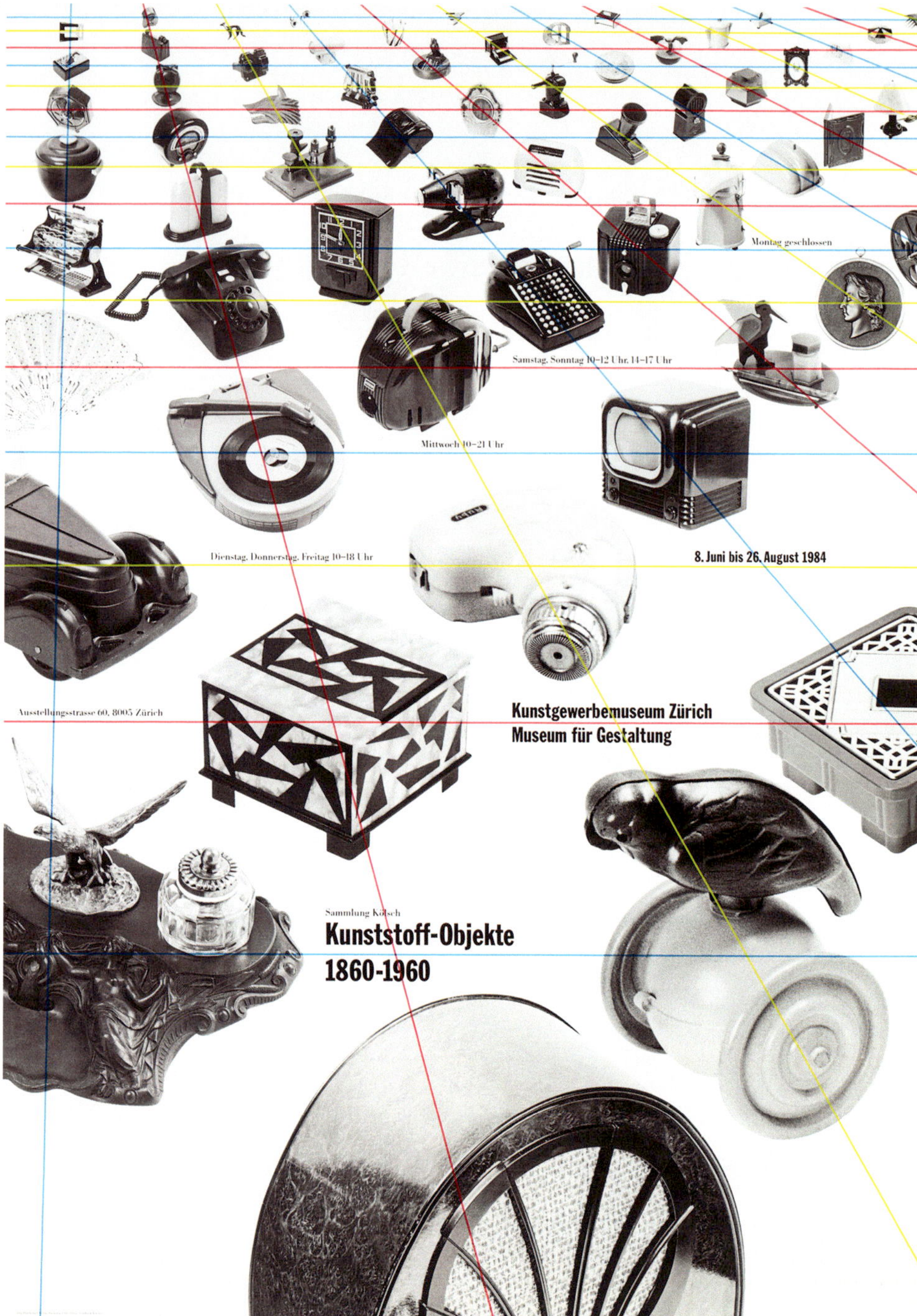

23 **Jörg Hamburger/Georg Staehelin**
Kunstgewerbemuseum Zürich/Museum für Gestaltung/
Kunststoff-Objekte 1860–1960
1984

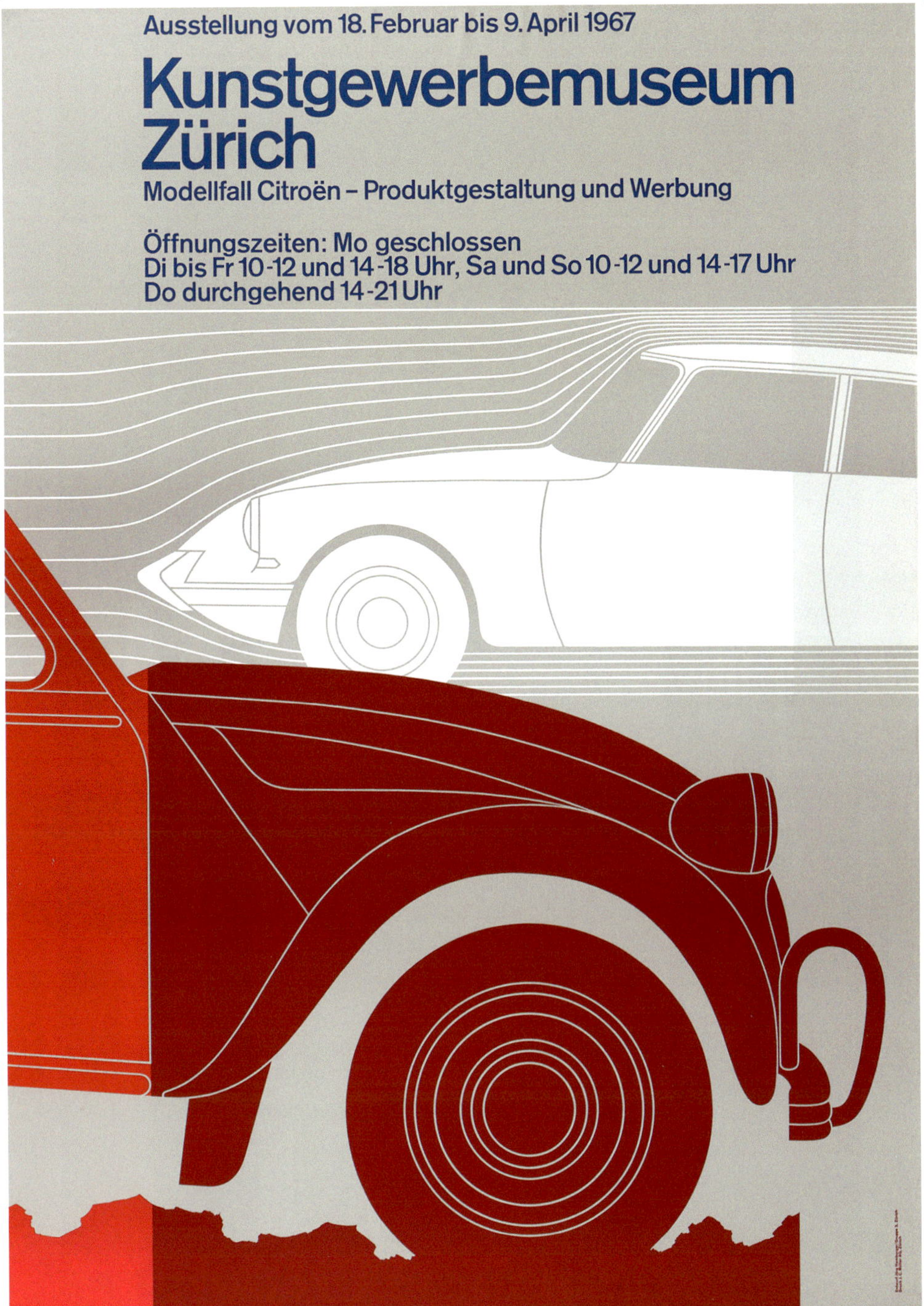

24 **Jörg Hamburger**
Kunstgewerbemuseum Zürich / Modellfall Citroën
1967

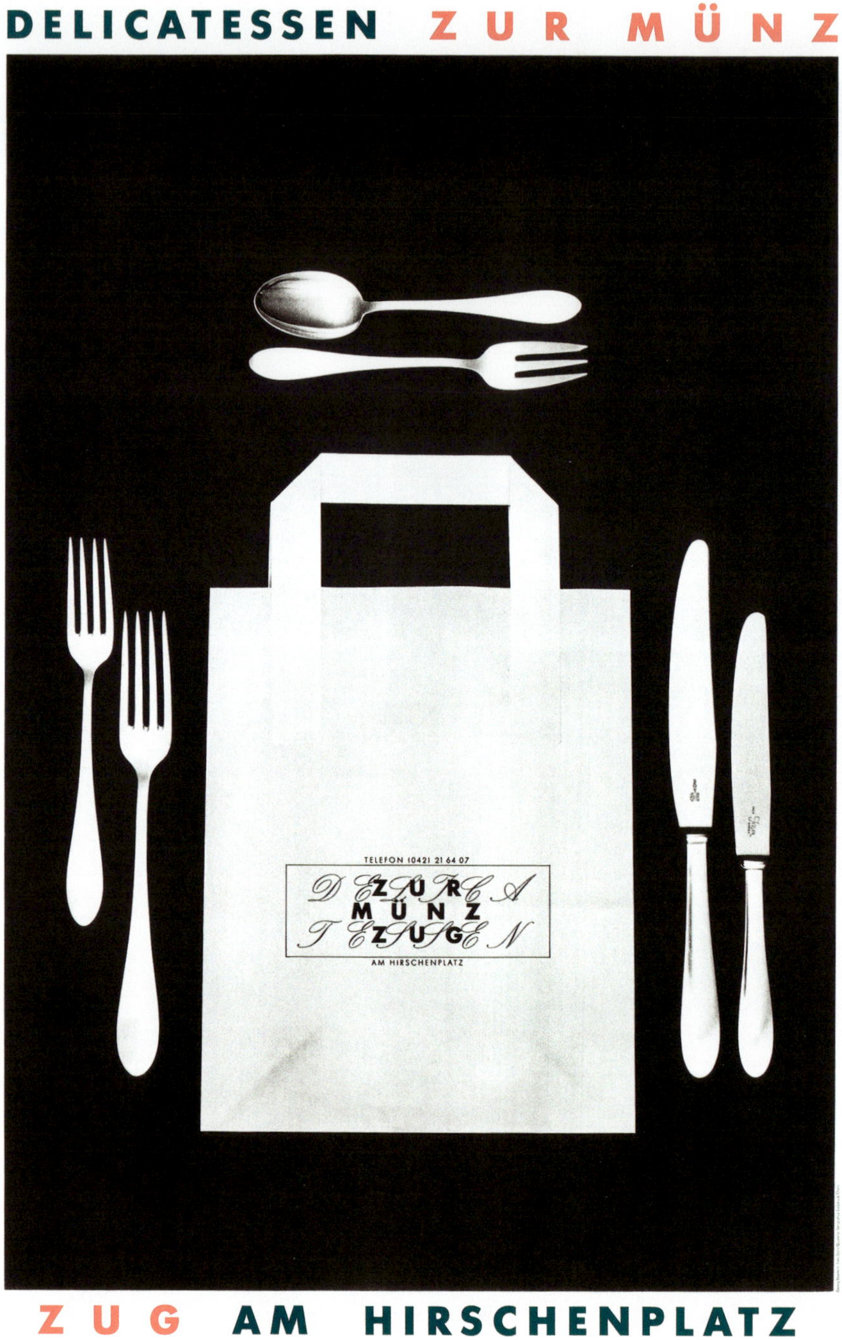

25 **Georg Staehelin**
Delicatessen Zur Münz Zug
1981

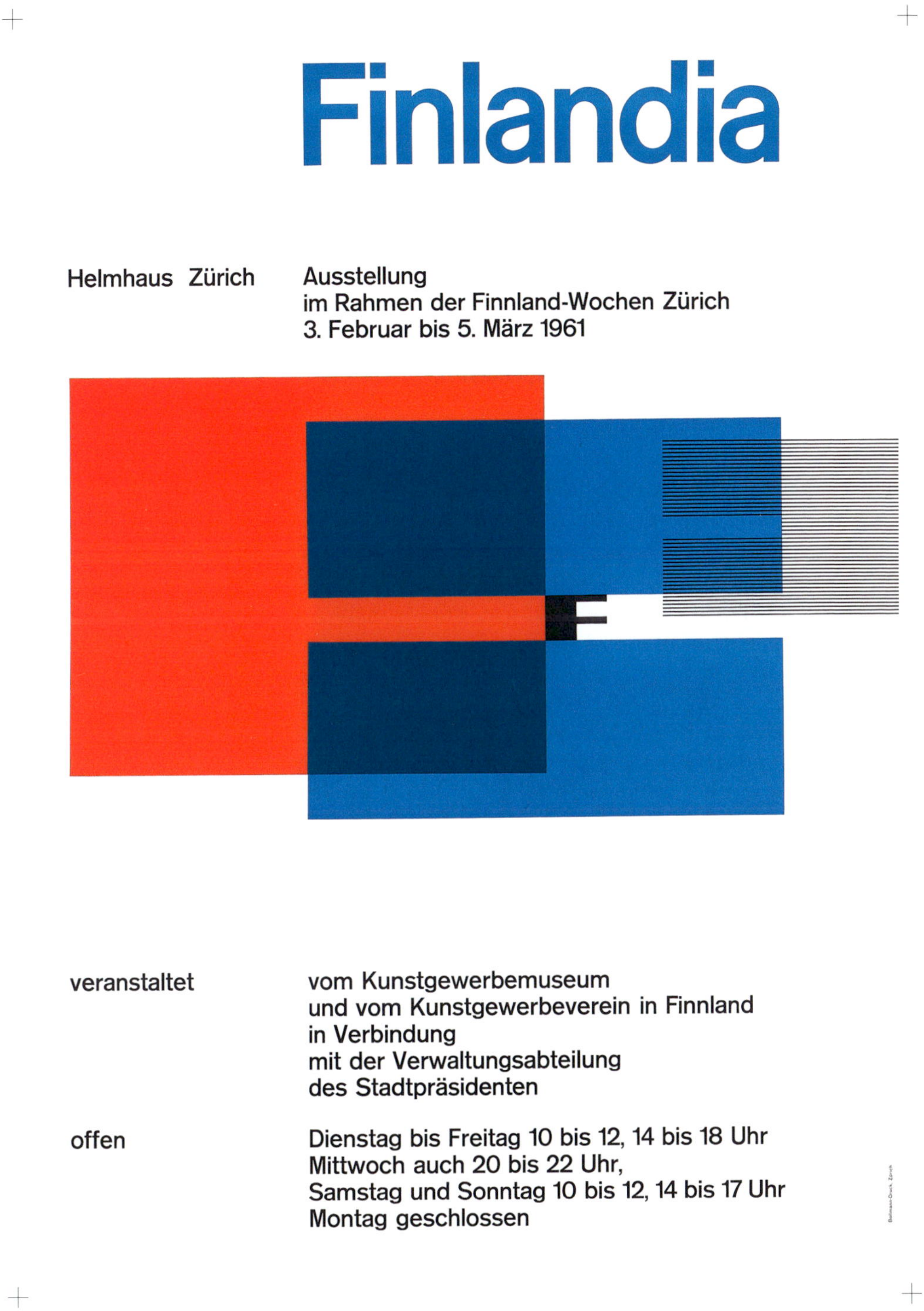

26 **Jörg Hamburger**
Helmhaus Zürich/Finlandia
1961

JÖRG HAMBURGER – GEORG STAEHELIN
LETTERS AND IMAGES, LETTERS AS IMAGES

Claude Lichtenstein

Jörg Hamburger and Georg Staehelin cooperated for many years on a series of projects, and were friends for decades until Hamburger's death in 2014. At the Museum für Gestaltung Zürich (MfGZ), the Hamburger–Staehelin tandem had a solid reputation as a guarantee of quality and painstaking care in creating posters and catalogs.[1] They shared the same fundamental views on design, yet such clear agreement in a team means encounters based on silent agreement and a sense of what is shared often take precedence over articulating and debating ideas verbally. In this case, the common ground did not signify congruence in their output, which is by no means interchangeable.

Looking back at the eras when their works were created reveals that they evolved as significant poster designers in different time frames in terms of their individual professional careers and from the perspective of contemporary history. Hamburger, the elder of the two by seven years, was already making a name for himself with posters when he was twenty-five and–in my view–made his strongest work when he was between thirty and thirty-five years old. Staehelin, already in his late thirties when he became a poster designer, only fully established his own signature style in his forties. The first significant works by these two designers date from periods roughly twenty years apart.

Both took the graphic design degree course at the Allgemeine Gewerbeschule Basel (Basel School of Arts and Crafts) with teachers such as Armin Hofmann, Donald Brun, Emil Ruder and Walter Bodmer; Hamburger a few years before Staehelin, as he was a little older. Staehelin encountered some of Hamburger's works early on through Armin Hofmann, who highlighted its exemplary qualities in his classes. However, Hamburger and Staehelin did not meet in person until nearly twenty years later, in Zurich. After completing his training, Hamburger began work in the graphic design studio at J. R. Geigy AG in Basel (1955–1958); he later moved to Josef Müller-Brockmann's studio and was his assistant in the graphic design degree course at the Kunstgewerbeschule Zürich (KGSZ/Zurich School of Arts and Crafts), soon also teaching typography in the specialized photography degree course. After his studies at the Basel School of Arts and Crafts, Staehelin initially headed to Paris, working there for Gérard Ifert (designs for the 1964 Swiss National Exhibition in Lausanne, Expo 64). He later moved to Amsterdam, where he joined Total Design, and from there to Crosby Fletcher Forbes (Pentagram) in London, arriving in Zurich a few years later to set up Pentagram's Swiss branch (1969–1977). Against the backdrop of such different early professional careers, they met and became friends while teaching the KGSZ photography degree course. Hamburger taught there from 1958 to 1998, Staehelin from 1977 to 1990. Their joint works for the Kunstgewerbemuseum Zürich/Museum für Gestal-

1 In this period, the Museum für Gestaltung Zürich catalogs were much more extensive in terms of their content and therefore much more labor-intensive than had been customary previously.

tung Zürich (KGMZ/MfGZ) date from the 1980s.[2] The refined synergy of photographic, typographic and graphic design elements in their "Unbekannt – Vertraut" exhibition poster, a strikingly monumental depiction of a padlock, the positive and negative tonalities inverted, is a forceful testament to the confidence of their work 1.[3]

Even though he was rather slim-built, withdrawn and almost timid-looking, Jörg Hamburger's students took him seriously, along with his unshakeable belief in precision, which earned him the nickname "Comma-curver." His astounding drawing skills, sketching out completely regular, harmonious curve series with a template and a compass, or even freehand, were viewed not as mere compulsive pedantry but as evidence of heightened perception 30. His *maîtrise* in all technical matters always went hand in hand with creative intelligence. From 1958 to 1961, Hamburger honed his skills in Josef Müller-Brockmann's advertising studio. There are good reasons to believe that he–like Nelly Rudin–played a significant role in articulating Müller-Brockmann's program, which was characterized by a dramaturgical concept of visual structure, underpinned by geometric principles, along with striking color contrasts, asymmetrical arrangements of picture planes, and intermeshing, deftly montaged photographic and typographic elements, combined to create crystal clear visual statements. Hamburger's first significant poster after his time with Müller-Brockmann allows us to identify his own specific touch, moving beyond the formulaic. "Chum mach mit" (Swiss German: "Come on, join in")–those are the words we read, that is what we see in the sport instruction poster, and we add: and catch the ball right now or it will hit you on the nose! Got it? Got it. The graphic symbol, its reception and the reflex it triggers all follow, quite literally, the same line 6.

The design confidence exuded by Hamburger's poster for the "Keramik – Email" exhibition (KGMZ 1963) is also highly compelling. Three shades of red in three vertical strips,, two words positioned vertically–that is all. The inner forms in and between the letters, created by their sequence and arrangement, conjure up a sense of tension. The title lettering, drawn by Hamburger, fine-tunes the two words to ensure the down strokes of the R and A are aligned. A subtle tension is created through the interaction between the resulting negative forms and the lettering, heightened by the information in black in a smaller font near the poster's upper edge 19.

At times an intriguing combination of rigor and lightness of touch emerges in his works. In the poster "Apulien" (1965) this is manifested in Hamburger's treatment of a wonderful photograph by Doris Quarella, still a student at the time. He probably picked it for the inclined, impish head, rotating it 90 degrees to portrait format; on the left, the shirt's light hue provides a backdrop for exhibition information, linked to the title in a larger font along the right-hand edge of the poster. The design sets in motion a vigorous interaction between the black-and-white photo and the typography in magenta 3.

2 The museum's original name, Kunstgewerbemuseum Zürich (KGMZ), was gradually replaced in the 1980s by the title Museum für Gestaltung Zürich (MfGZ).
3 Please refer to the captions of the illustrations for the English translation of the titles.

best message is no use if you do not recognize it because the visual dimension does not stop you in your tracks. The visual design must awaken your interest."[5] His early works were still strongly pictorial 4. And the image has always remained important in his work–even when he seems to be working in purely typographic terms. However, as mentioned above, he illuminates the material from within, rather than simply deploying typography in a typographic vein–in other words, by looking at words as a typographer would. This constitutes a key difference between Hamburger and Staehelin's work.

Staehelin's inventive talent is already apparent in his first work for the KGMZ, a joint project in conjunction with the canton of Glarus (1979). The slogan was "100 Jahre Eisenbahn im Glarnerland." Staehelin turned those words into a logotype in the form of a perspectival image of rail tracks.[6] He picked up on this pictorial theme again in the exhibition poster for "Die Schiene öffnet ein Tal," deftly combined with a photo by Daniel Schwartz, still a student at the time, and a historic engraving of the Linthal terminus 71. That is quintessential Georg Staehelin: the lettering functions not just as a written form of language, but is treated as an image, in a way that eludes language. In this spirit, the letters can also be inverted, for example in the posters "Der Zuschauer," "Rechts oder links" or "Links oder rechts" (in two color variants–red and black–with the corresponding political connotations). Or a design idea using tracing paper printed on both sides may play with the material's transparency to create a consummate affinity with the content ("Der Schatten–das älteste Medium der Welt," and I must say that I would love to see Plato's expression if he saw this design solution) 2, 20, 100, 101. Staehelin talks about his close friendship with his late graphic designer colleague Reinhart Morscher, like him fascinated by the (apparent) paradox of the heightened presence of the absent, and like him fascinated by Ernst Jandl, maestro of word art, who shed light on the meaning of words by distancing terms from their conventional signification.[7] Armin Hofmann is a key role model in this context; combining text and image in his works, he repeatedly invoked the immediacy typical of a first grader for whom reading has not yet become a matter of routine. "Unlike lettering, the picture radiates movements, tone values and forms as forces which evoke an immediate response," Hofmann wrote in 1965.[8] Georg Staehelin treats lettering as if it were an image–Jörg Hamburger does not. At a very early stage in his career, while at Pentagram, Staehelin created the wordmark for "club jolie femme" cosmetic products 43. His wordmark/logo for interiors store "Abitare" is grounded in the gesture of delimiting space that is so crucial to make a flat or office feel like home: it is pictorial, as are subtle threads in the wordmark/logo for the "Akris" fashion label 41, 42. The wordmark and the graphic logo are often one and the same thing in Staehelin's work, echoing his interest in connecting writing and image. And sometimes the typeface is even transformed into a sound picture: "ah/oh/mmmh/ah (Aroma, Aroma – Versuch über den Geruch)" or "xtre––––em (extrem – absolut ultimativ)" 16, 73. In other words: he takes the written word back to its origins, to language, and even moving a step further back, to speech. That is witty (not "humorous") and perhaps his punning Basel style (his

5 Conversation with Georg Staehelin, March 2017.

6 The canton of Glarus had entrusted the project to the KGSZ and the KGMZ; Rudolf Lichtsteiner, a lecturer in the photography degree course, involved writer Hugo Loetscher, who was tasked with addressing aspects relating to the show's content. (The catalog shares the exhibition title.)

7 See C. Lichtenstein, *Der Hervorgestalter: Anmerkungen zu Reinhart Morscher* (Basel: Verlag Chamäleon, 2010), 4ff. Slightly abridged version in *Typografische Monatsblätter (TM)* 2 (2012): 3–16.

background), the British sense of humor (his London advertising agency years) and his friendship with Reinhart Morscher came together to form his inimitable blend of subtle mischievousness.

The exhibition poster for “Licht,” created for the furniture store Wohnbedarf Zürich (1988), formed the point of departure for an entire group of posters for so-called “speculative” exhibitions at the Museum für Gestaltung Basel. They were referred to as “speculative” because they always addressed a thematic focus, initially at least–and thus in the phase when the poster was commissioned–with no specific stipulation of the exhibits that would appear in the show: a shot in the dark, in other words. In the Wohnbedarf “Licht” poster, the typographic and graphic design has the effect of a focused ray of light. It pierces the darkness. As a matter of fact, such a highly focused beam of light is rather unpleasant; however, nobody takes the design at face value, but understands it as it is meant: an invitation to engage with the topic of lighting space 68. The first commission from the Museum für Gestaltung Basel (MfGB) addressed the same topic; a long-term cooperation with curators Bruno Haldner and Matthias Götz grew out of this initial contact, giving rise to more than twenty posters over the course of a decade. Some of these have already been cited above. The setup proved ideal for Staehelin; when each poster was commissioned, only the project title was established, and there were certainly not any exhibits selected at that point. These projects were projections in the true sense of the term: questions directed to the future in the form of keywords, terms whose general claim to signify something particular entered into a process of exchanges through the medium of the exhibition, fanning out into a panoply of potential interpretations and shades of meaning. Alongside the aforementioned works, these posters included for example “Risiko”; “Netto (nichts als Inhalt)”; and “Geräusche (ein Hörspiel)” 7, 81, 95. Sometimes surprising insights emerged. The poster “Schmutz und Sauberkeit” was based on minimal nuances of intensity, ranging from pure white to a muddy white 83. The very light gray cross was intended to improve legibility.[9] The poster “Geräusche (ein Hörspiel)” borrowed from the futurists, from Schwitters, Gomringer and concrete poetry, as did “Aroma, Aroma,” “Extrem,” “Netto” and “Rechts oder links,” but it should be noted right away that Staehelin does not cite these references, although he is certainly familiar with them. For that reason, it would be mistaken to talk about a “strategy” in these works. If they were based on a strategy, the design solutions would be applications. That, however, is precisely what they are not; they are more akin to discoveries.

These are not easy discoveries either, but nor are they the fruit of visible effort in tracking down a solution; they grow instead out of concentrated interrogation of the brief. Being willing to engage afresh each time, honing the skills needed to develop a convincing solution to each new problem: those are the professional convictions that form the common ground, rooted in friendship, that links Jörg Hamburger and Georg Staehelin.

8 See A. Hofmann, *Methodik der Form- und Bildgestaltung. Aufbau–Synthese–Anwendung/Manuel de création graphique. Forme–synthèse–application/Graphic Design Manual. Practice* (Teufen: Verlag Arthur Niggli, 1965), 45.

9 Staehelin subsequently discovered, to his surprise, that the waste water authorities actually carried out a rudimentary purity check using a barely legible cross on the bottom of a glass vessel–just chance or is it more than that: merging and coinciding?

1 9 2 2
2 0 1 2

A-K-R-I-S-

A-K-R-I-S-

CLUB JOLIE FEMME

[abitare]

kunstmuseum winterthur

acr labor

100
JAHRE
EISENBAHN
IM GLARNERLAND

41–52 **Georg Staehelin**

Wortmarken
41/42 Akris, 1985, 2011
43 Club Jolie Femme, 1973
44 Abitare, 1983
45 Kunstmuseum Winterthur, 1983
46 ACR Labor, 1992
47 100 Jahre Eisenbahn im Glarnerland, 1978

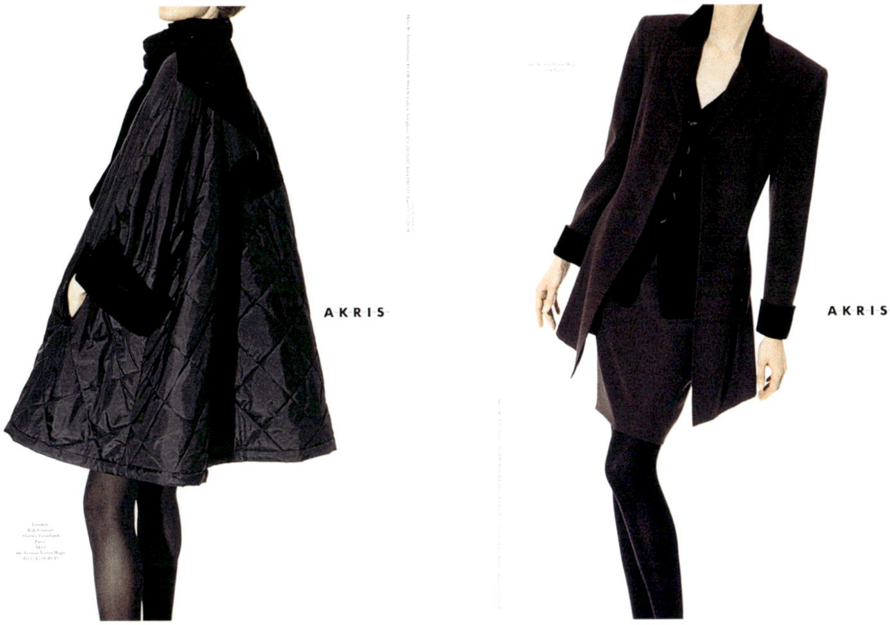

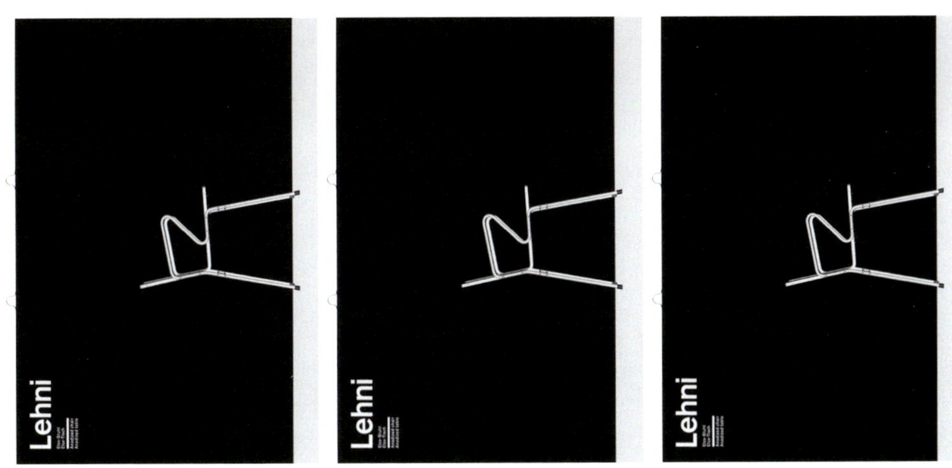

48/49 Akris
Inserateserie
1994

50–52 Lehni
Serie von Prospekten
1999

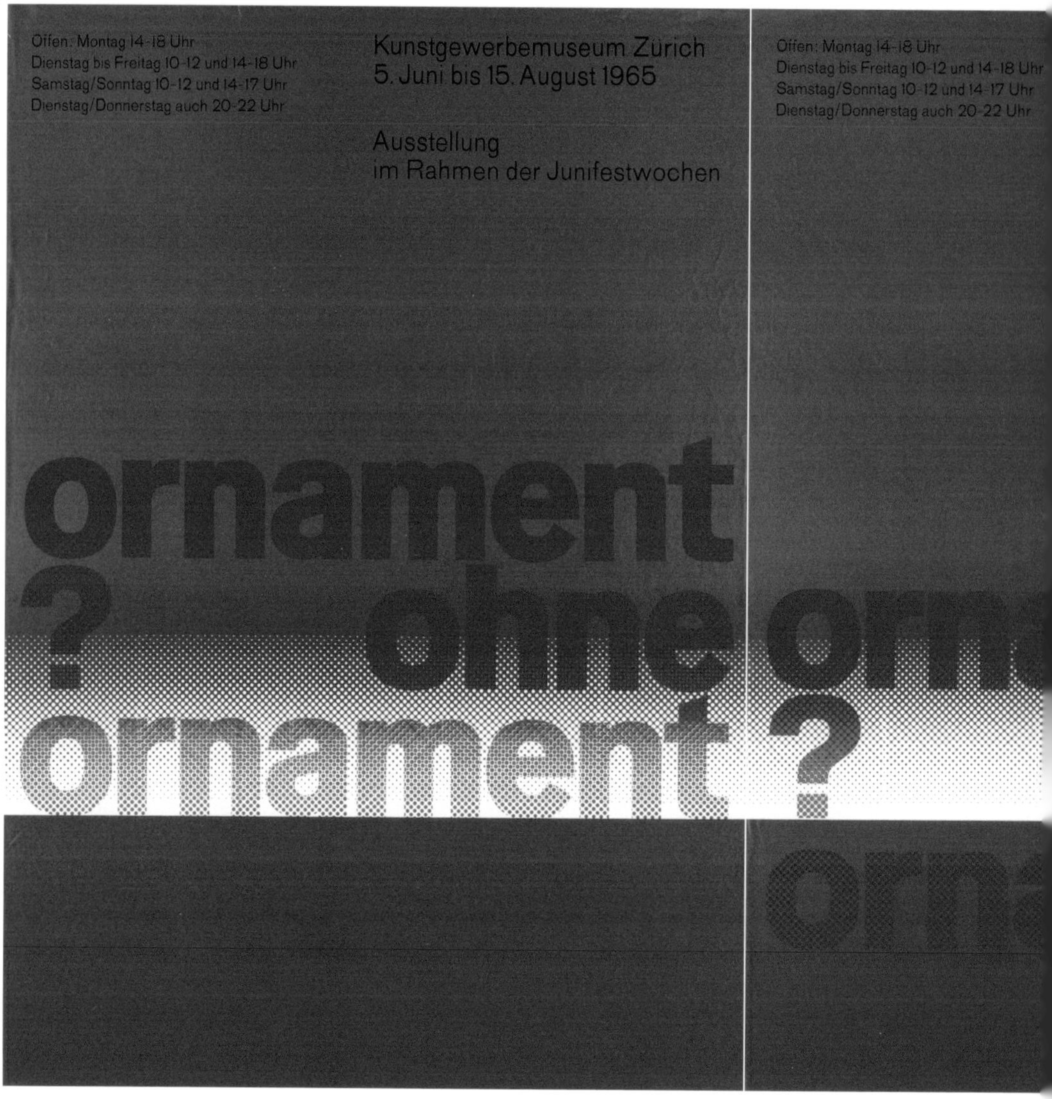

53 **Jörg Hamburger**
Kunstgewerbemuseum Zürich/
Ornament? Ohne Ornament
1965

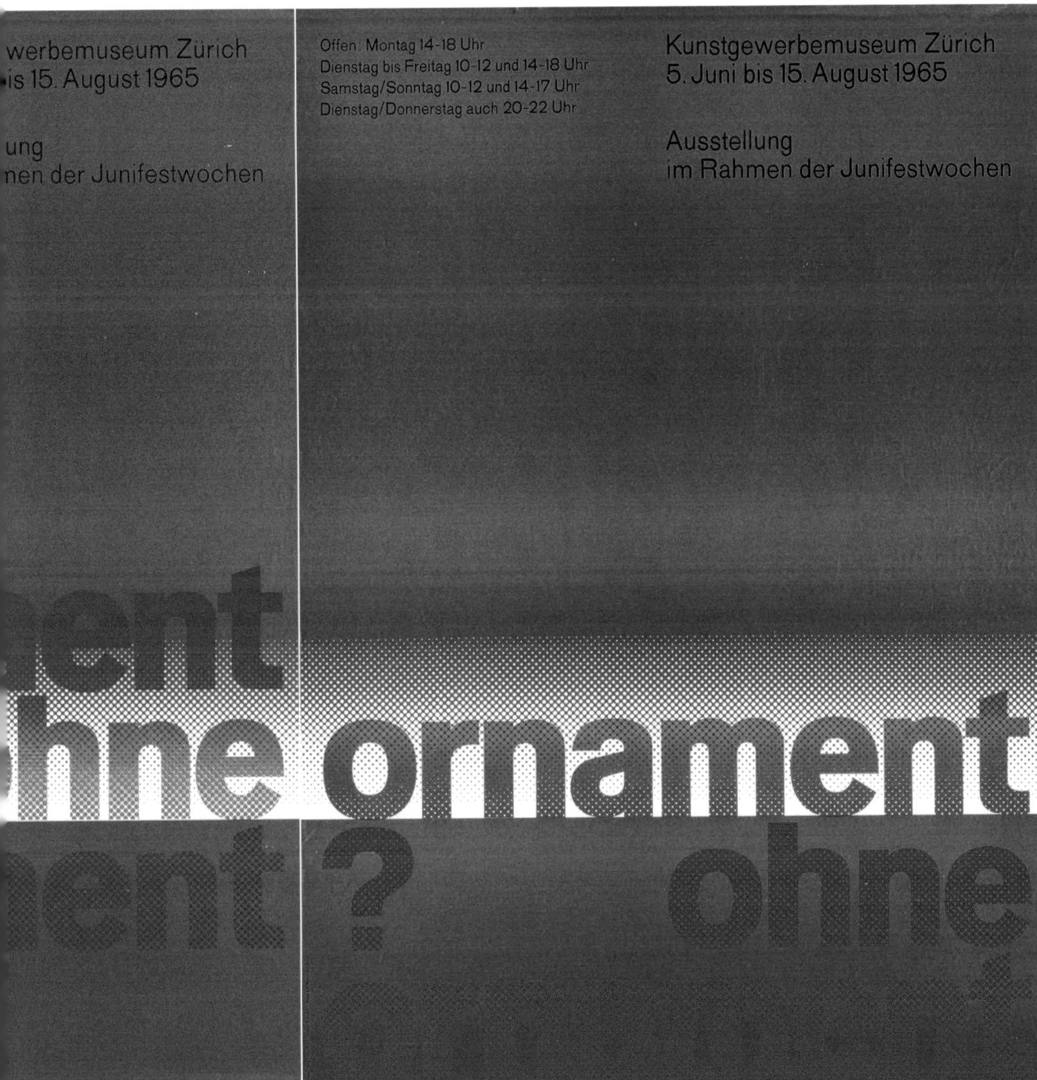
Offen: Montag 14-18 Uhr
Dienstag bis Freitag 10-12 und 14-18 Uhr
Samstag/Sonntag 10-12 und 14-17 Uhr
Dienstag/Donnerstag auch 20-22 Uhr
Kunstgewerbemuseum Zürich
5. Juni bis 15. August 1965
Ausstellung
im Rahmen der Junifestwochen
ornament
?
ohne

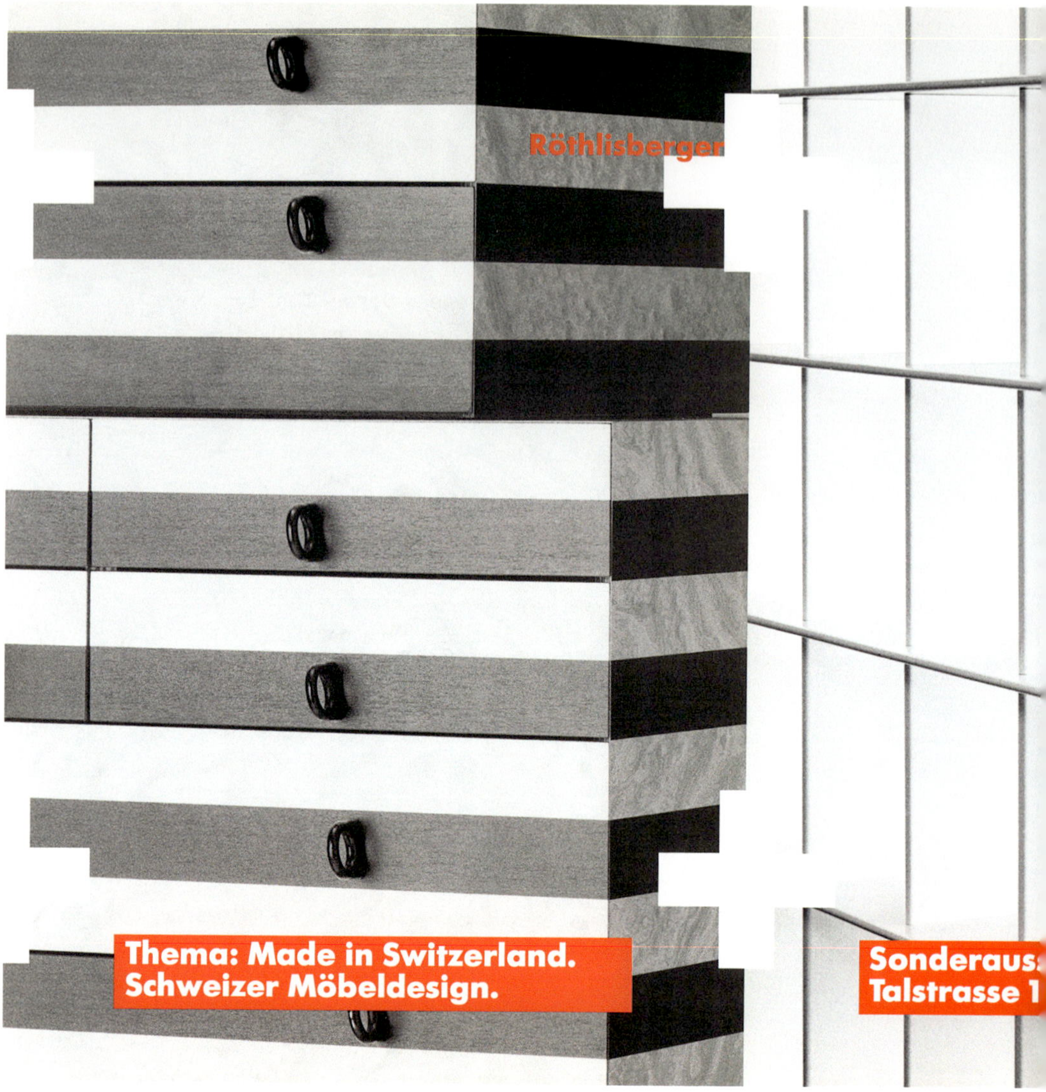

54 **Georg Staehelin**
Wohnbedarf/Schweizer Möbeldesign.
Röthlisberger/Wogg/Thut
1989

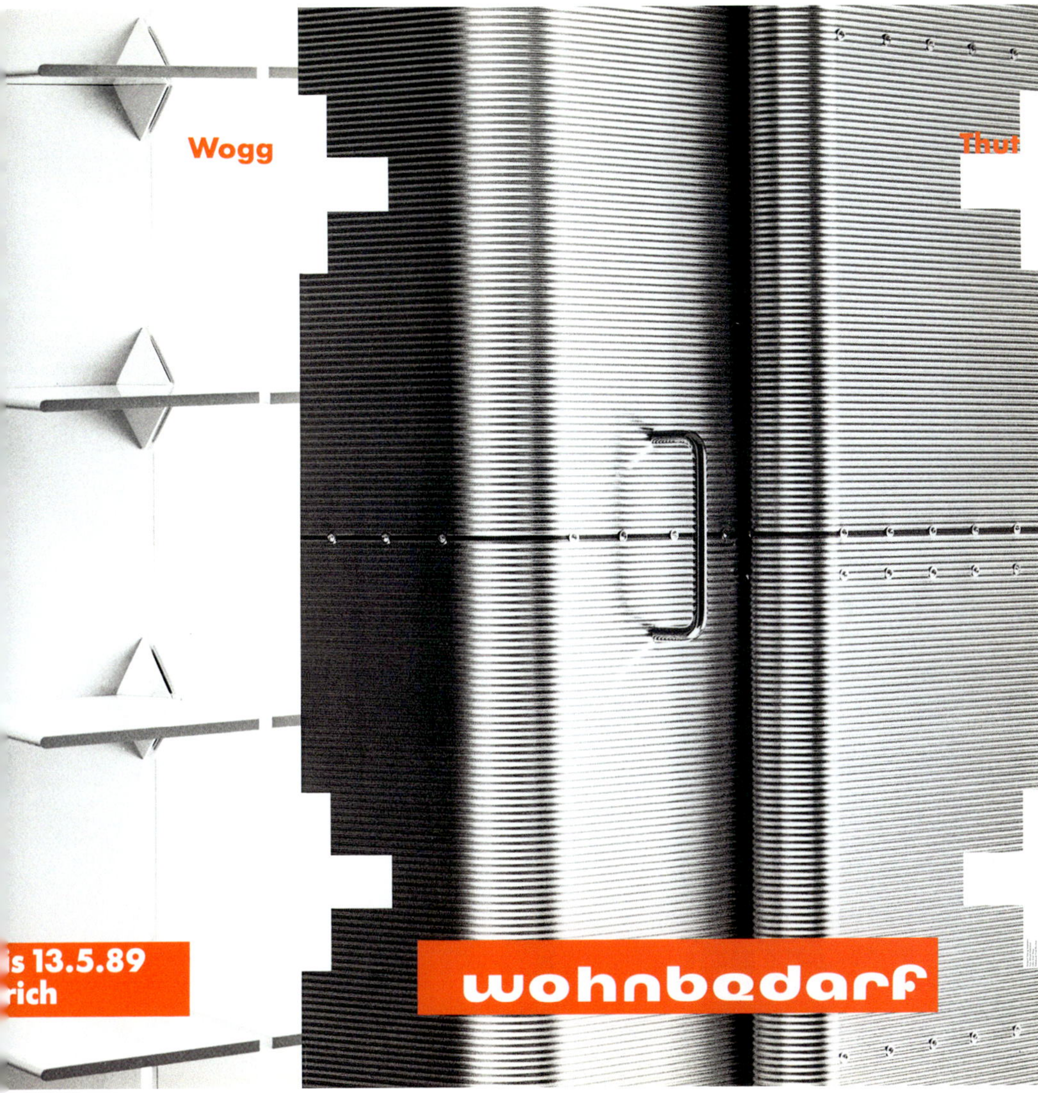
Wogg
Thut
s 13.5.89
rich
wohnbedarf

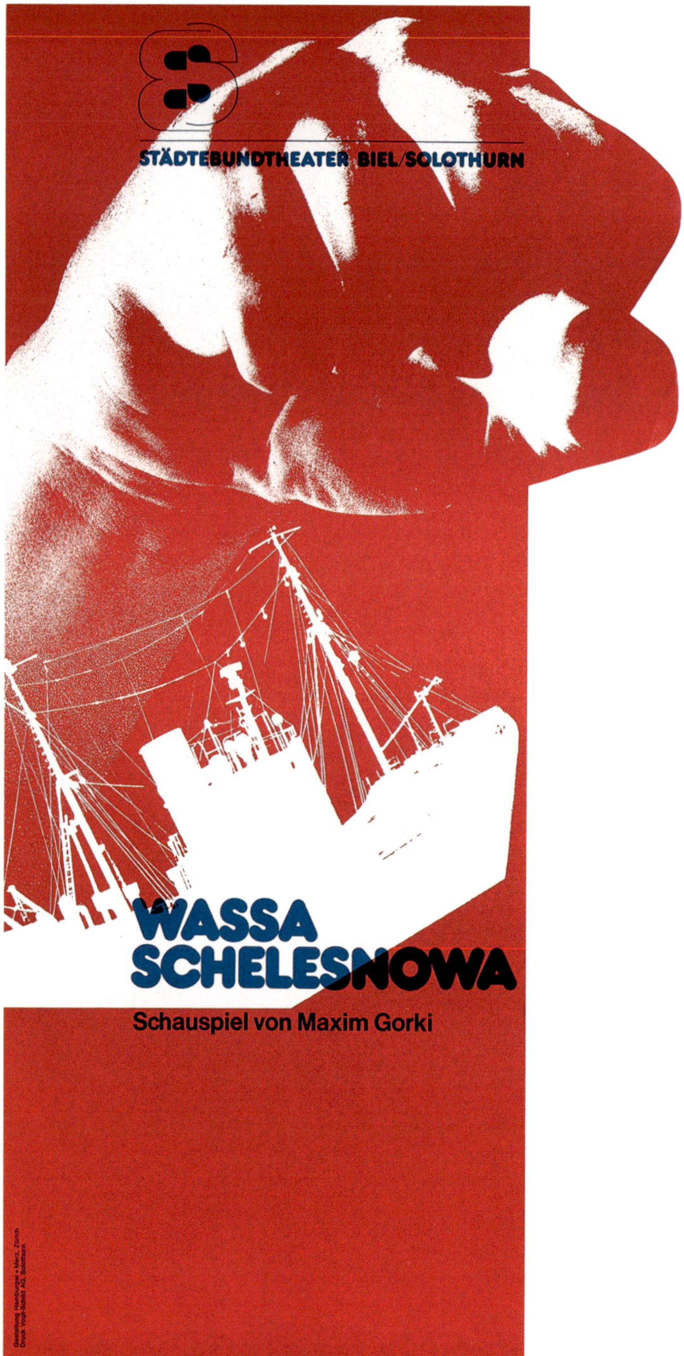

55 **Jörg Hamburger**
Städtebundtheater Biel-Solothurn/Wassa Schelesnowa
ca. 1974

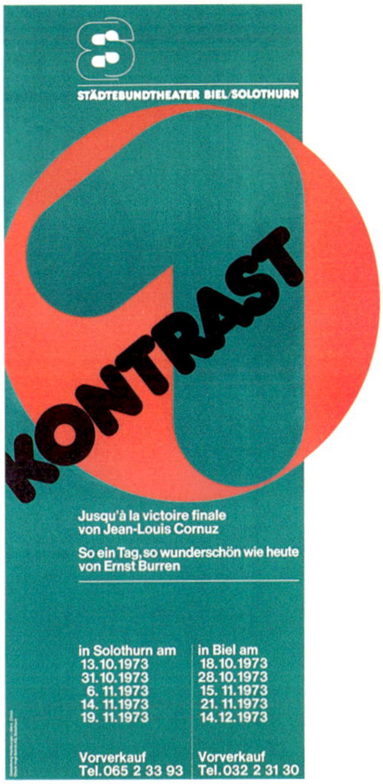

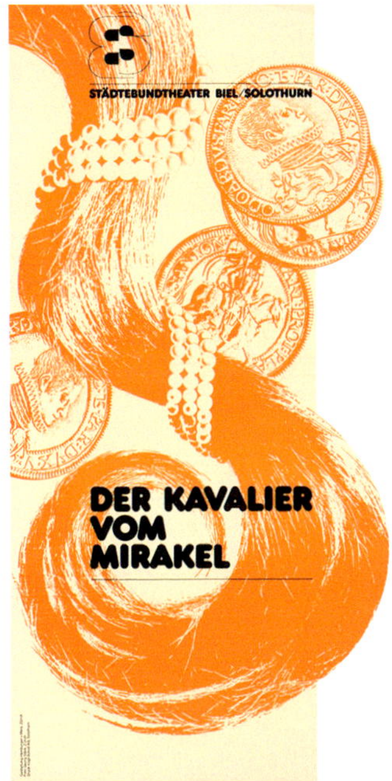

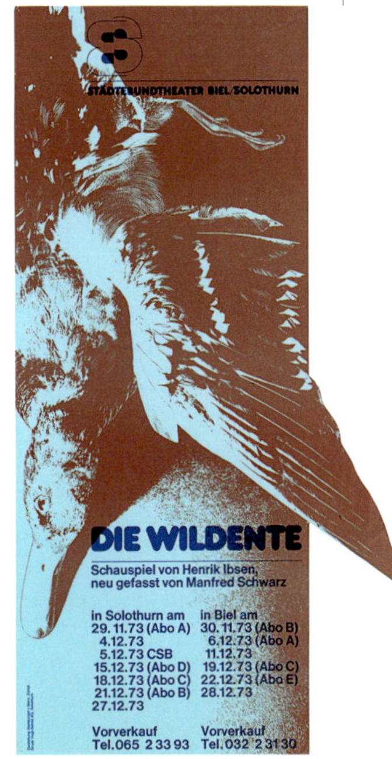

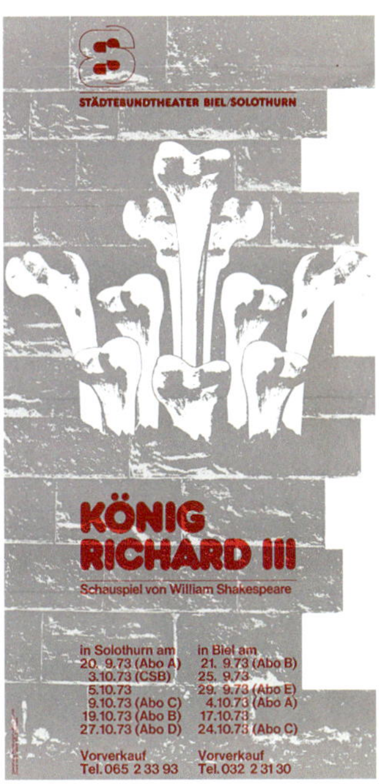

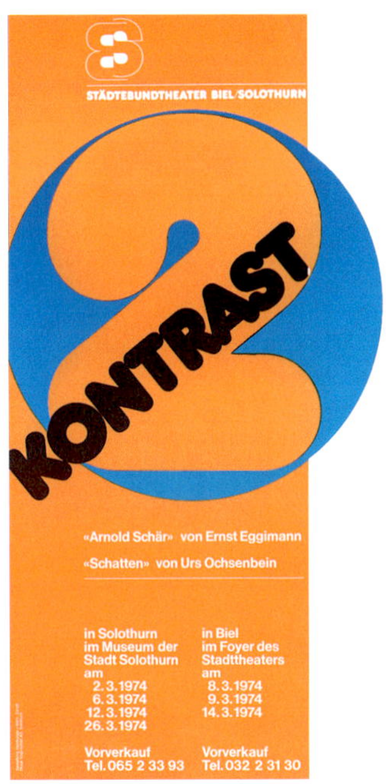

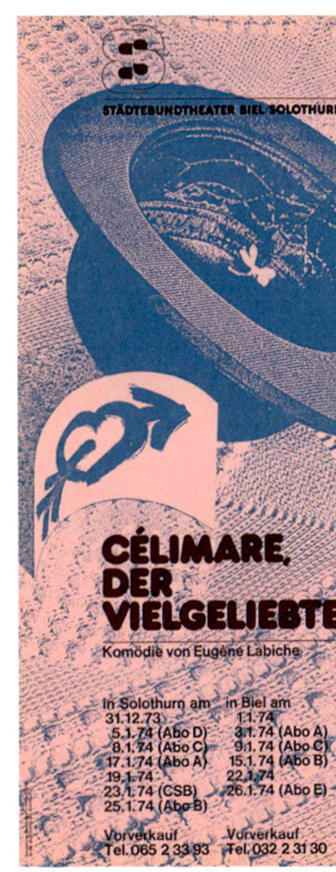

56–61 **Jörg Hamburger**
Städtebundtheater Biel-Solothurn

56 Kontrast 1, 1973
57 Der Kavalier vom Mirakel, ca. 1974
58 Die Wildente, 1973
59 König Richard III, 1974
60 Kontrast 2, 1974
61 Célimare, der Vielgeliebte, 1973

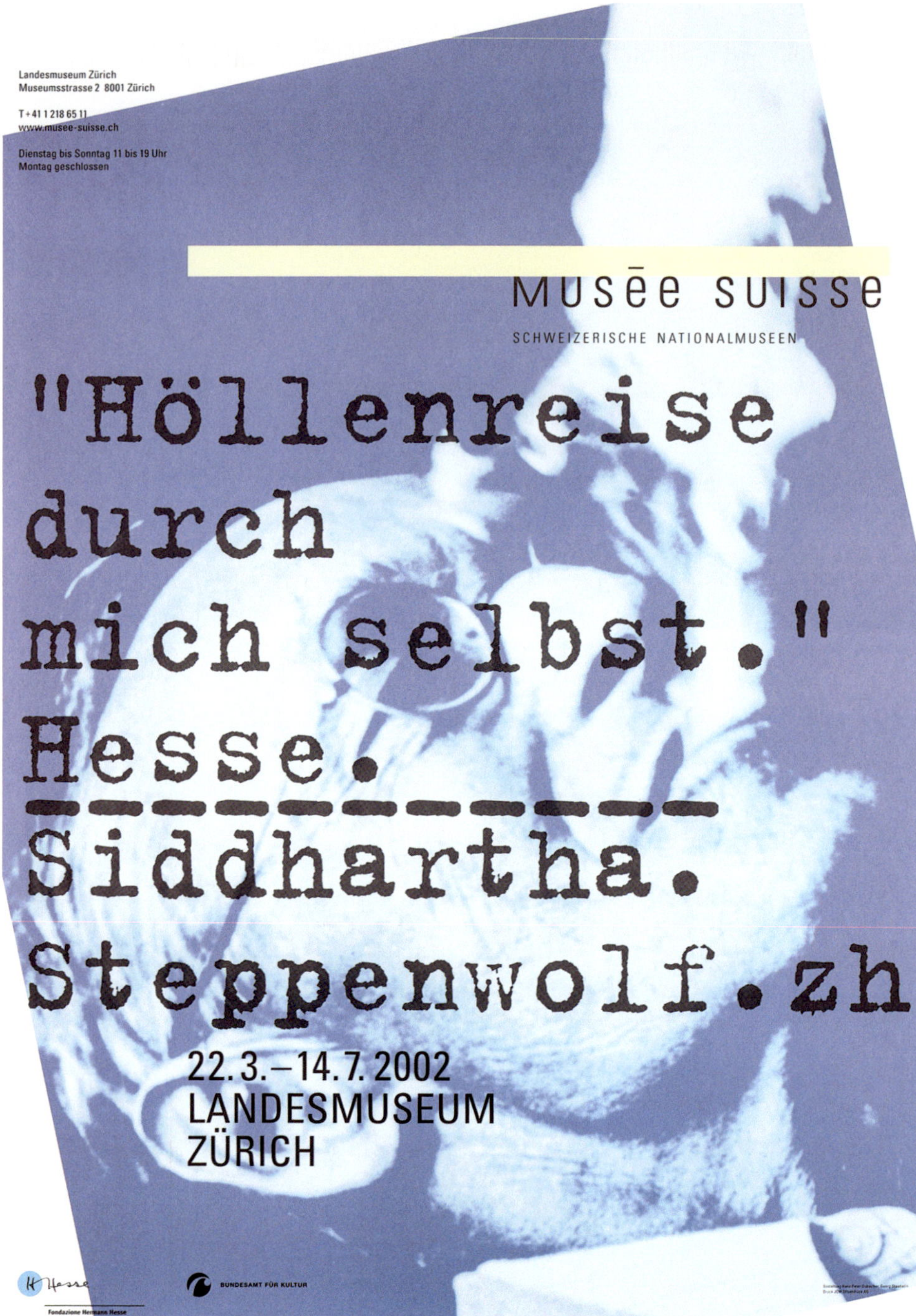

62 **Georg Staehelin/Hans Peter Dubacher**
Landesmuseum Zürich/«Höllenreise durch mich selbst.»/Hesse.
2002

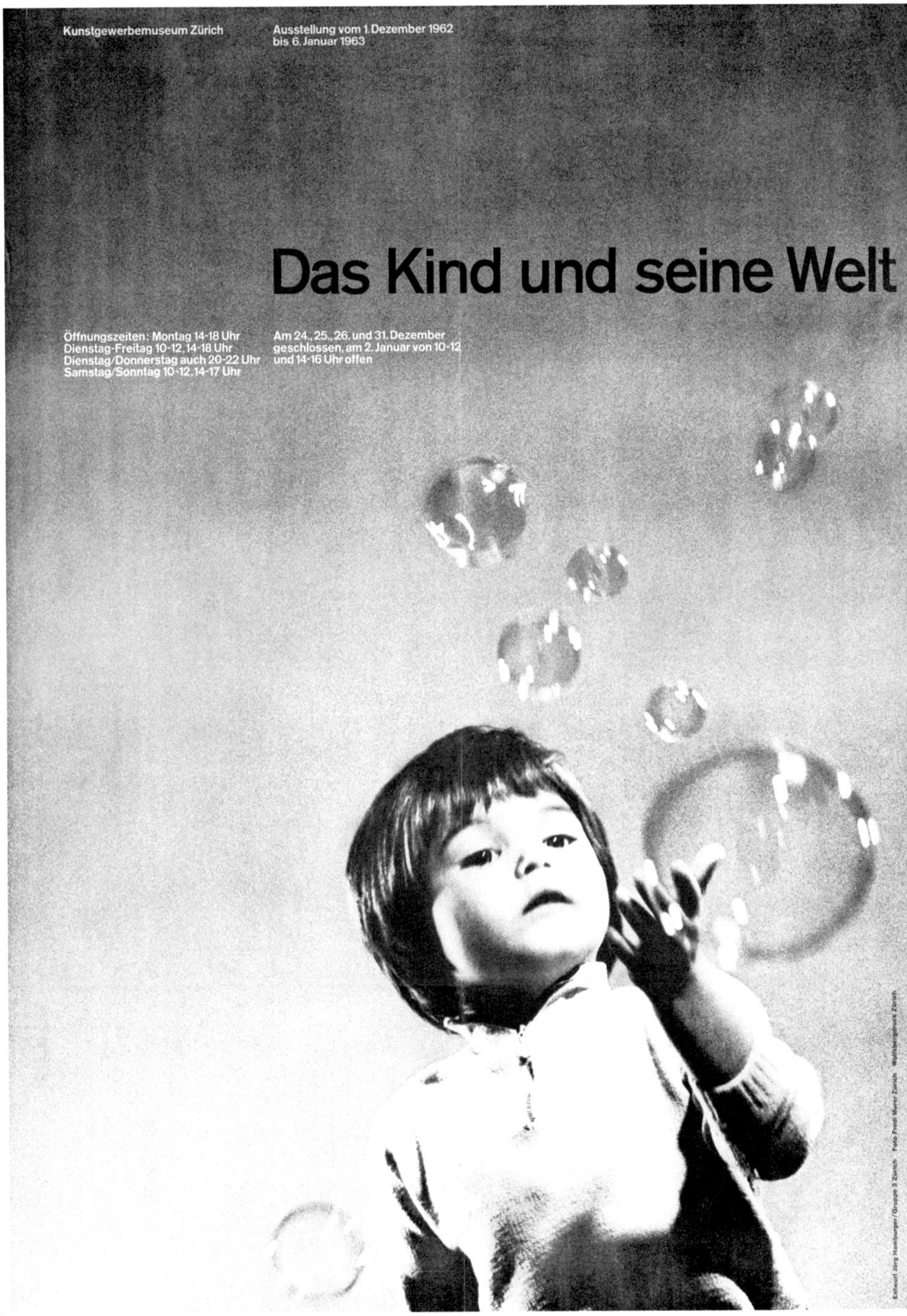

63 **Jörg Hamburger**
Kunstgewerbemuseum Zürich/Das Kind und seine Welt
1962

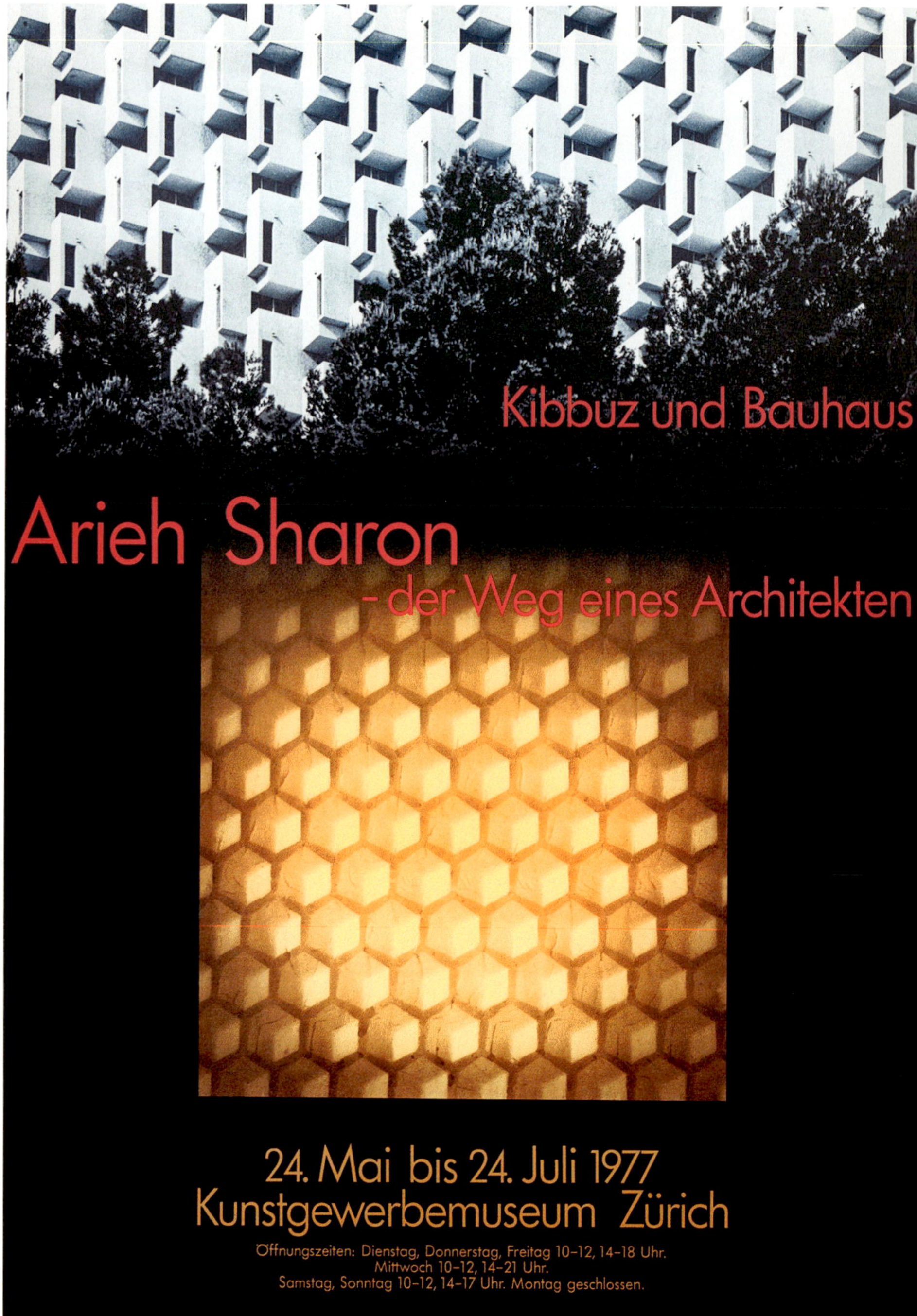

64 **Jörg Hamburger**
Kunstgewerbemuseum Zürich/Kibbuz und Bauhaus/
Arieh Sharon
1977

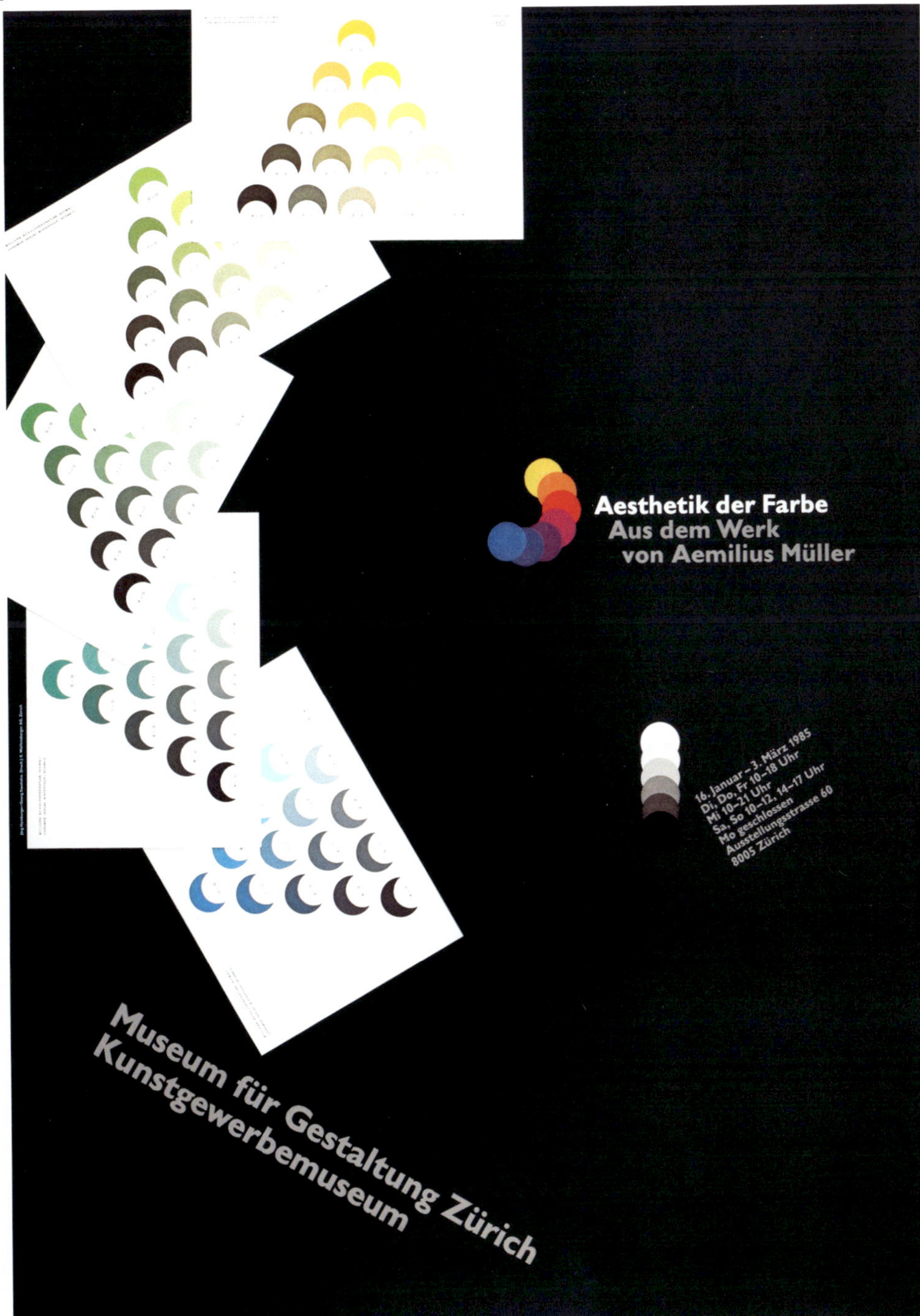

65 **Jörg Hamburger/Georg Staehelin**
Museum für Gestaltung Zürich/Kunstgewerbemuseum/
Aesthetik der Farbe
1985

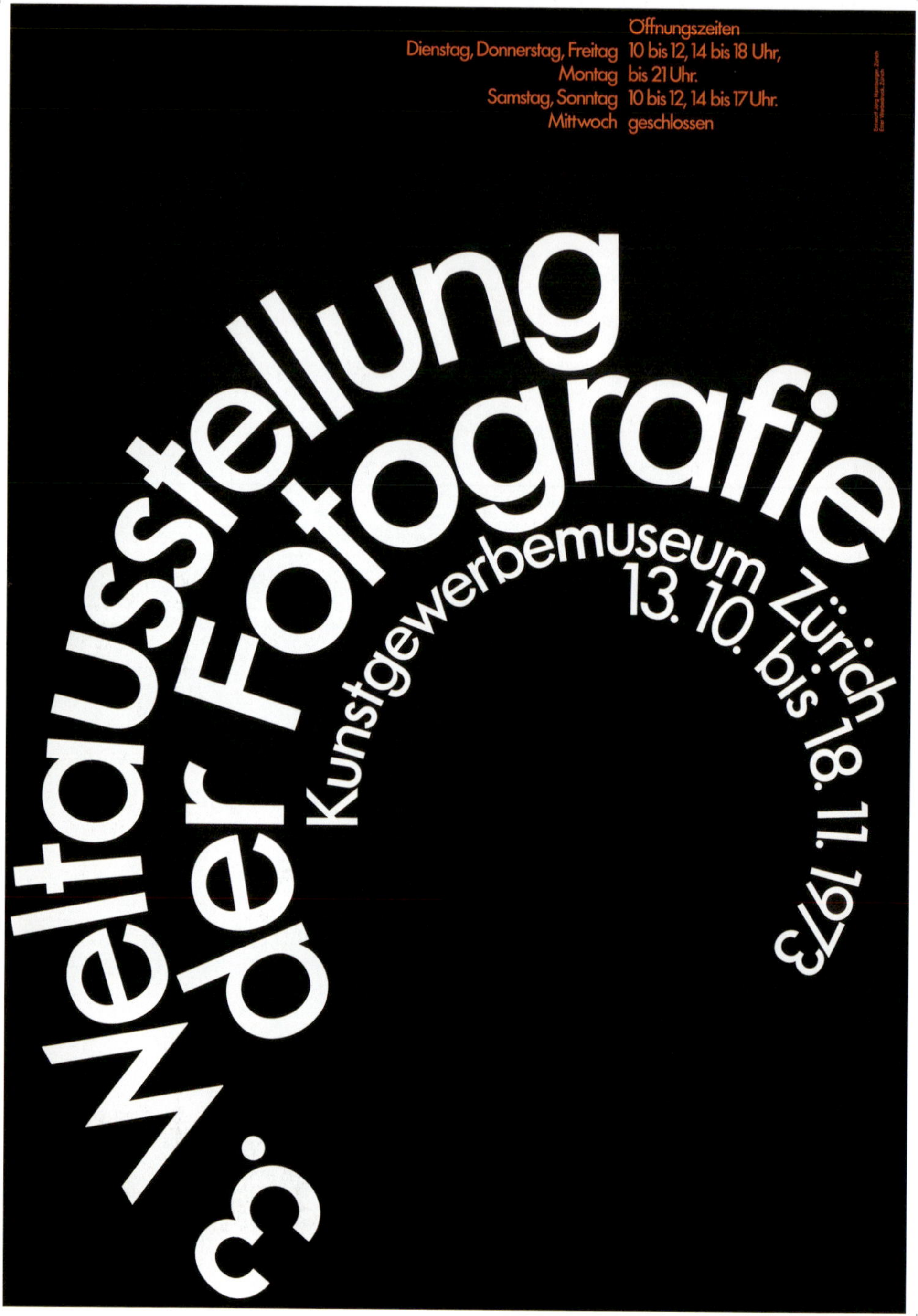

66 **Jörg Hamburger**
Kunstgewerbemuseum Zürich / 3. Weltausstellung der Fotografie
1973

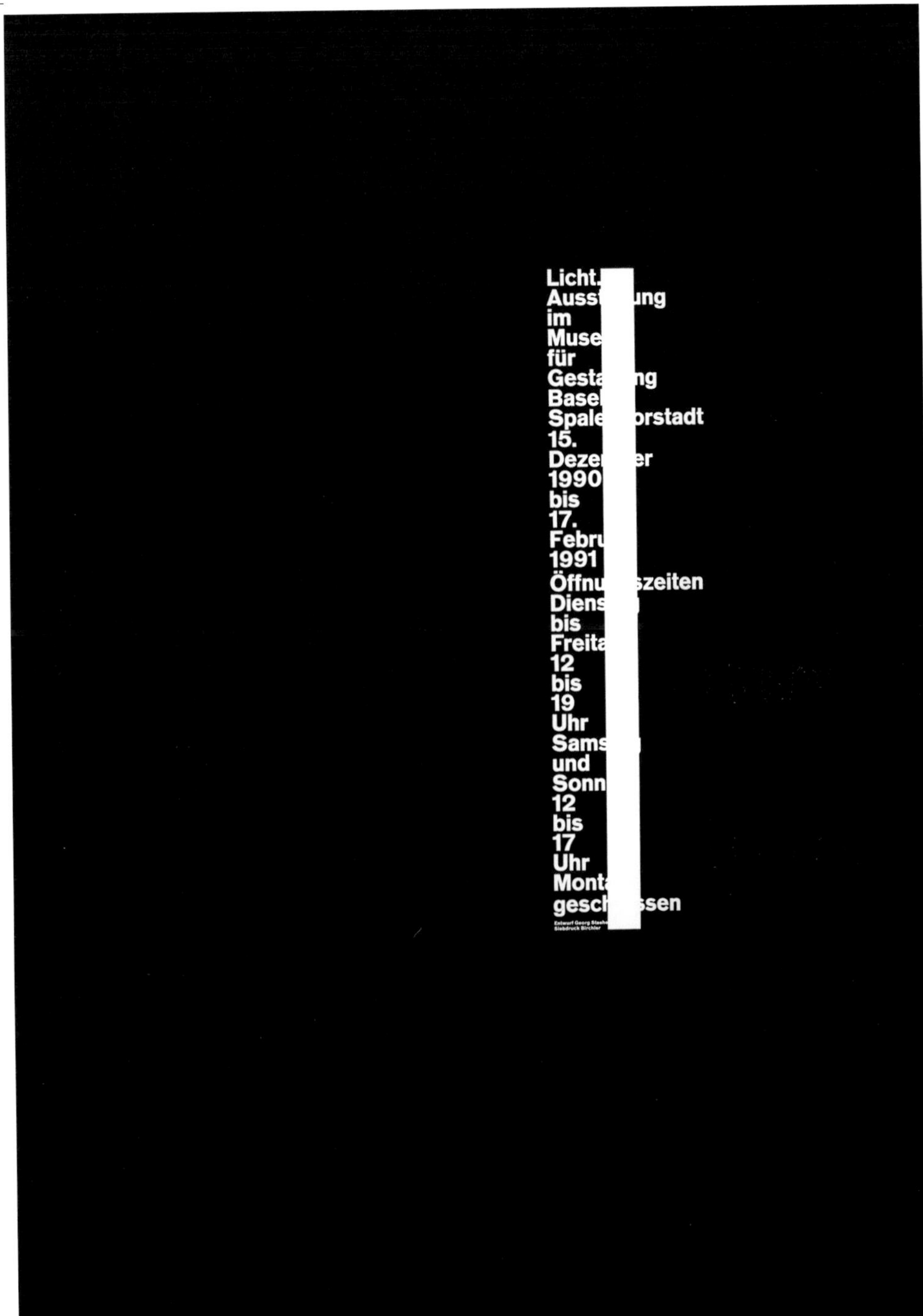

67 **Georg Staehelin**
Museum für Gestaltung Basel/Licht.
1990

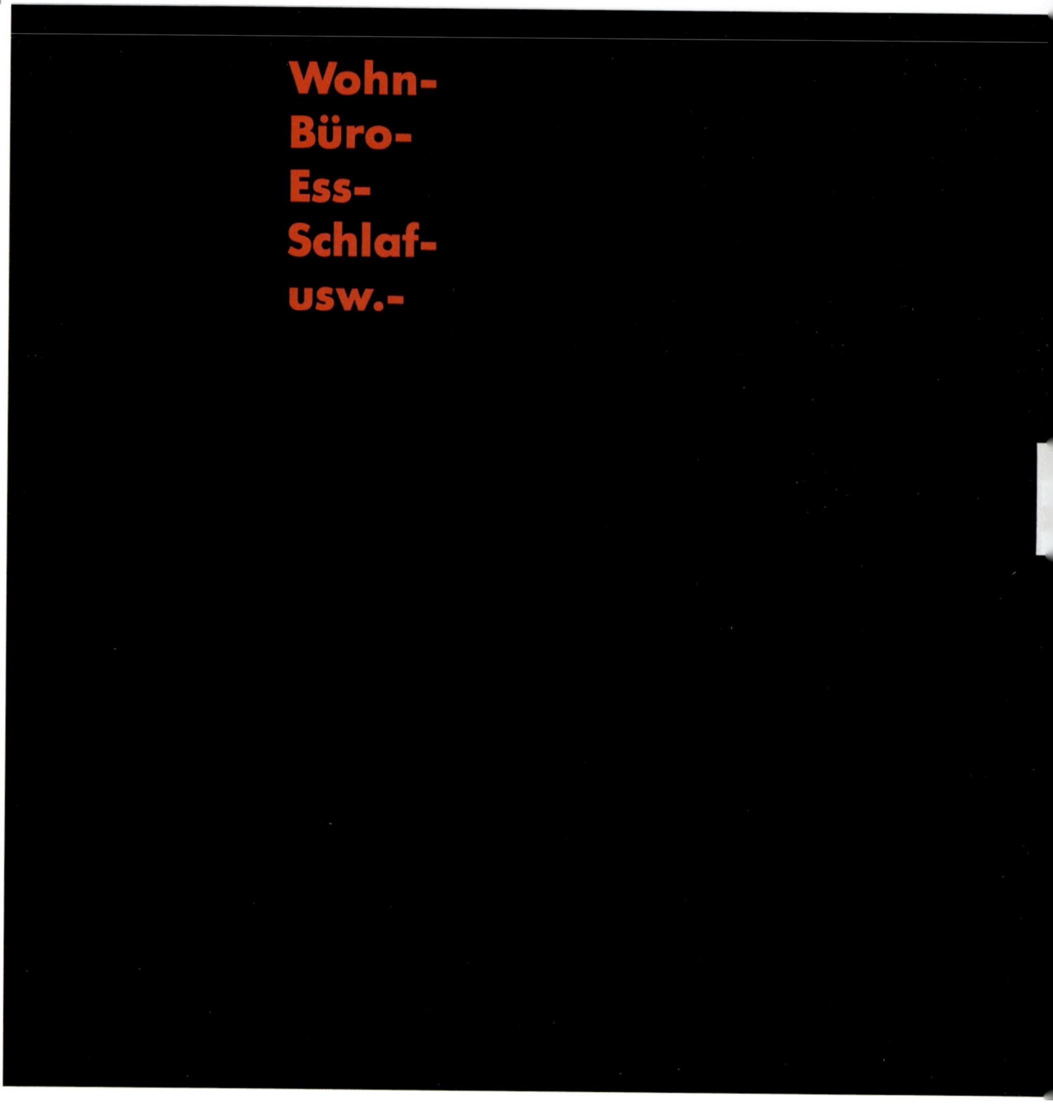

68 **Georg Staehelin**
Wohnbedarf/Licht.
1988

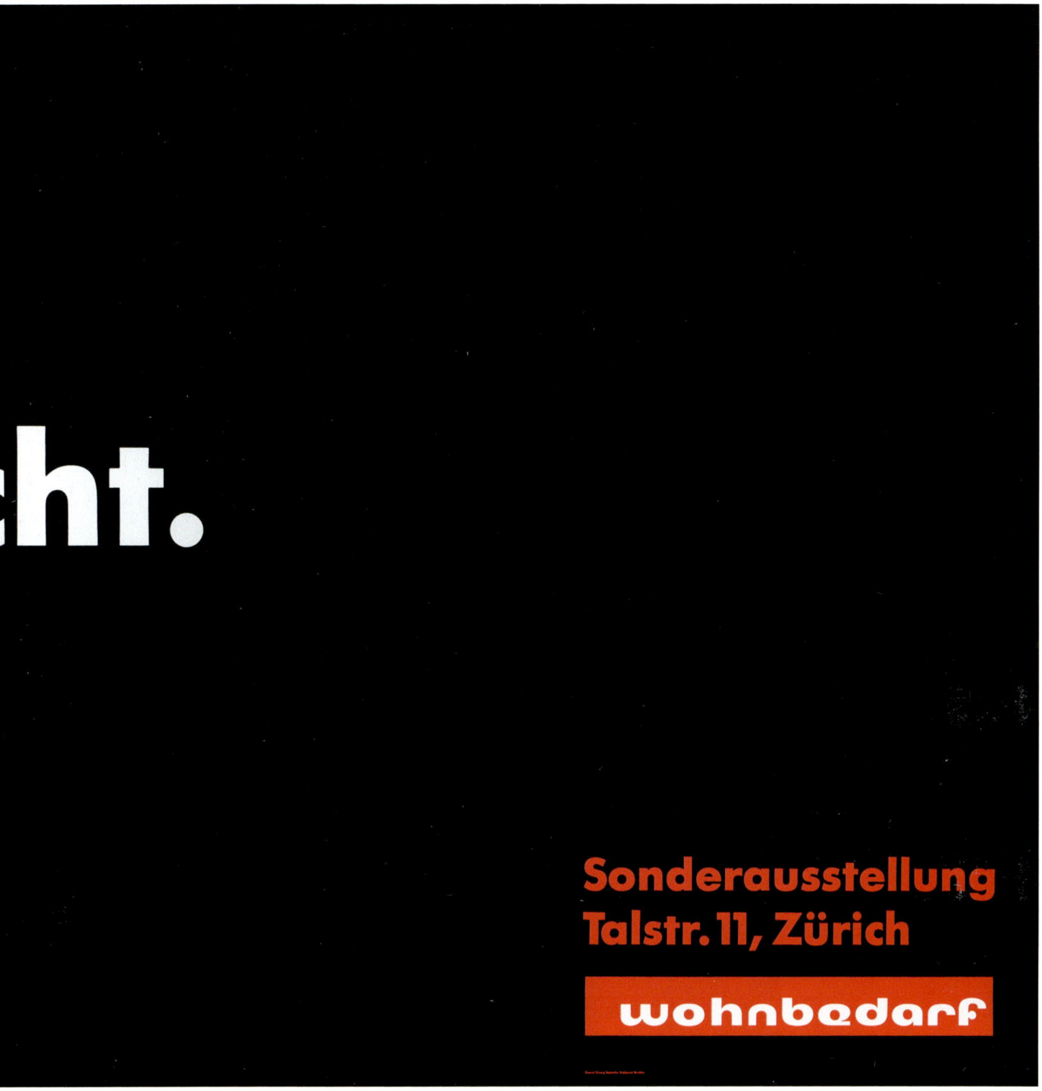
Sonderausstellung
Talstr. 11, Zürich
wohnbedarf

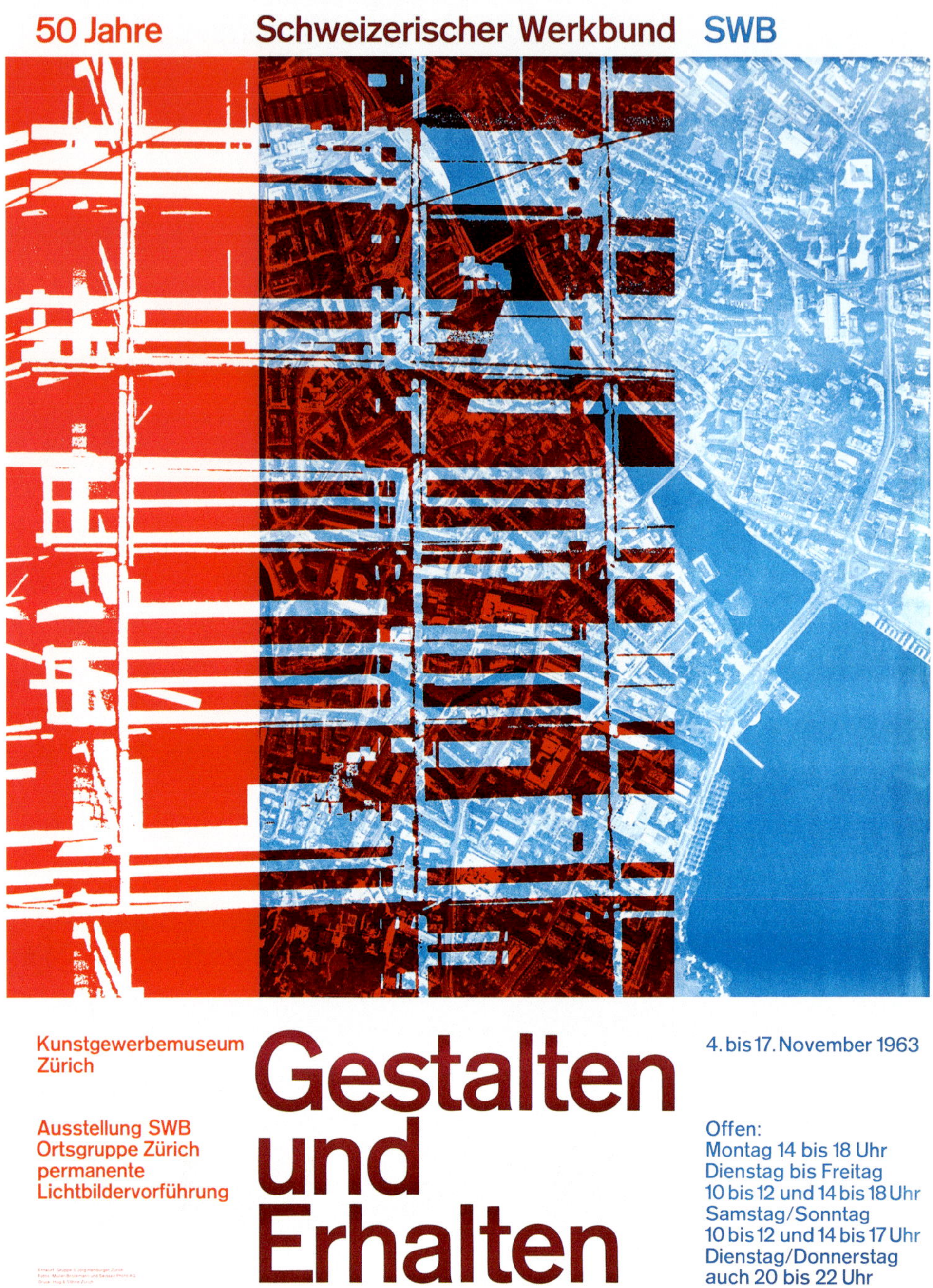

69 **Jörg Hamburger**
Kunstgewerbemuseum Zürich/50 Jahre Schweizerischer Werkbund SWB/Gestalten und Erhalten
1963

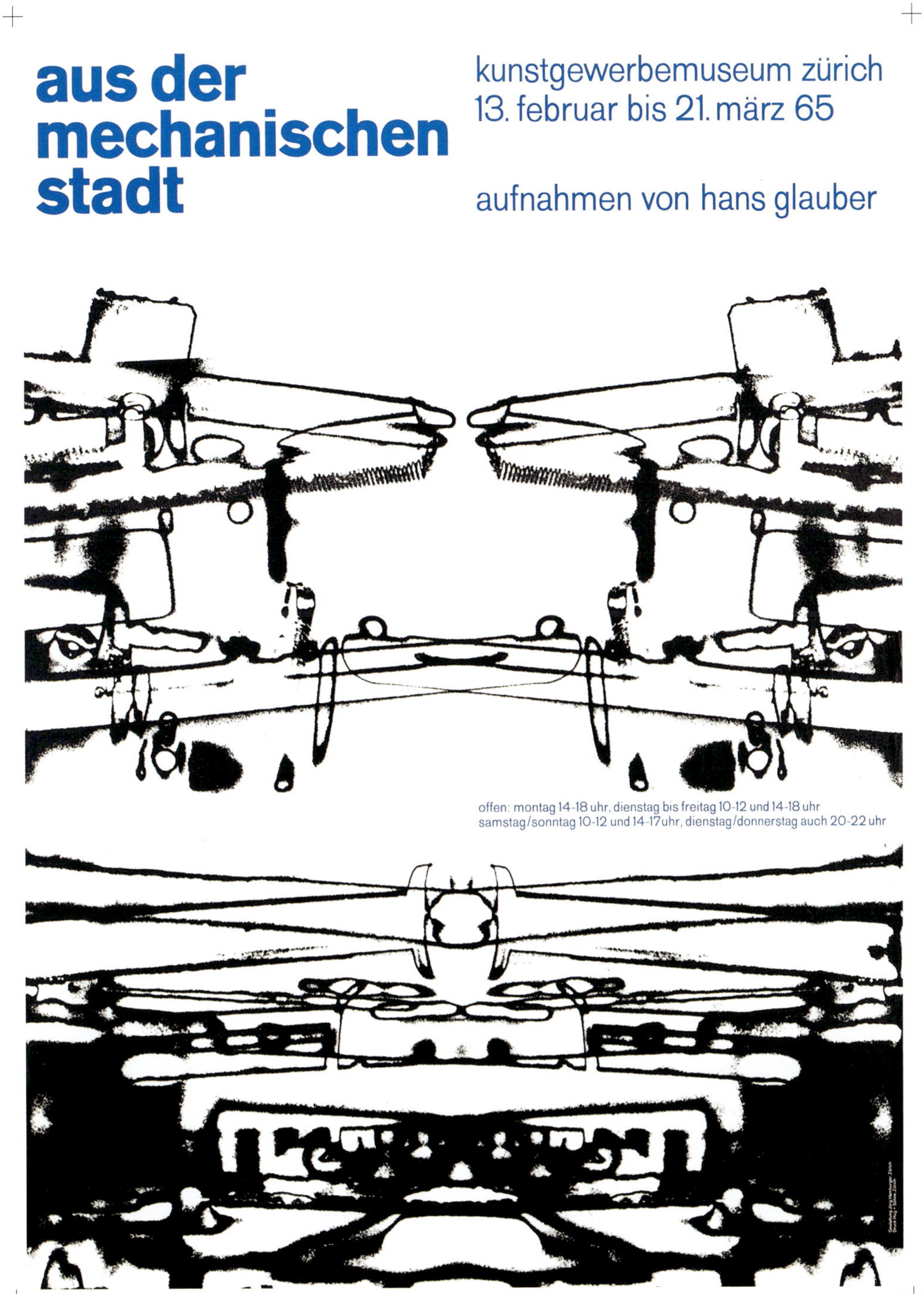

70 **Jörg Hamburger**
Kunstgewerbemuseum Zürich/
Aus der mechanischen Stadt
1965

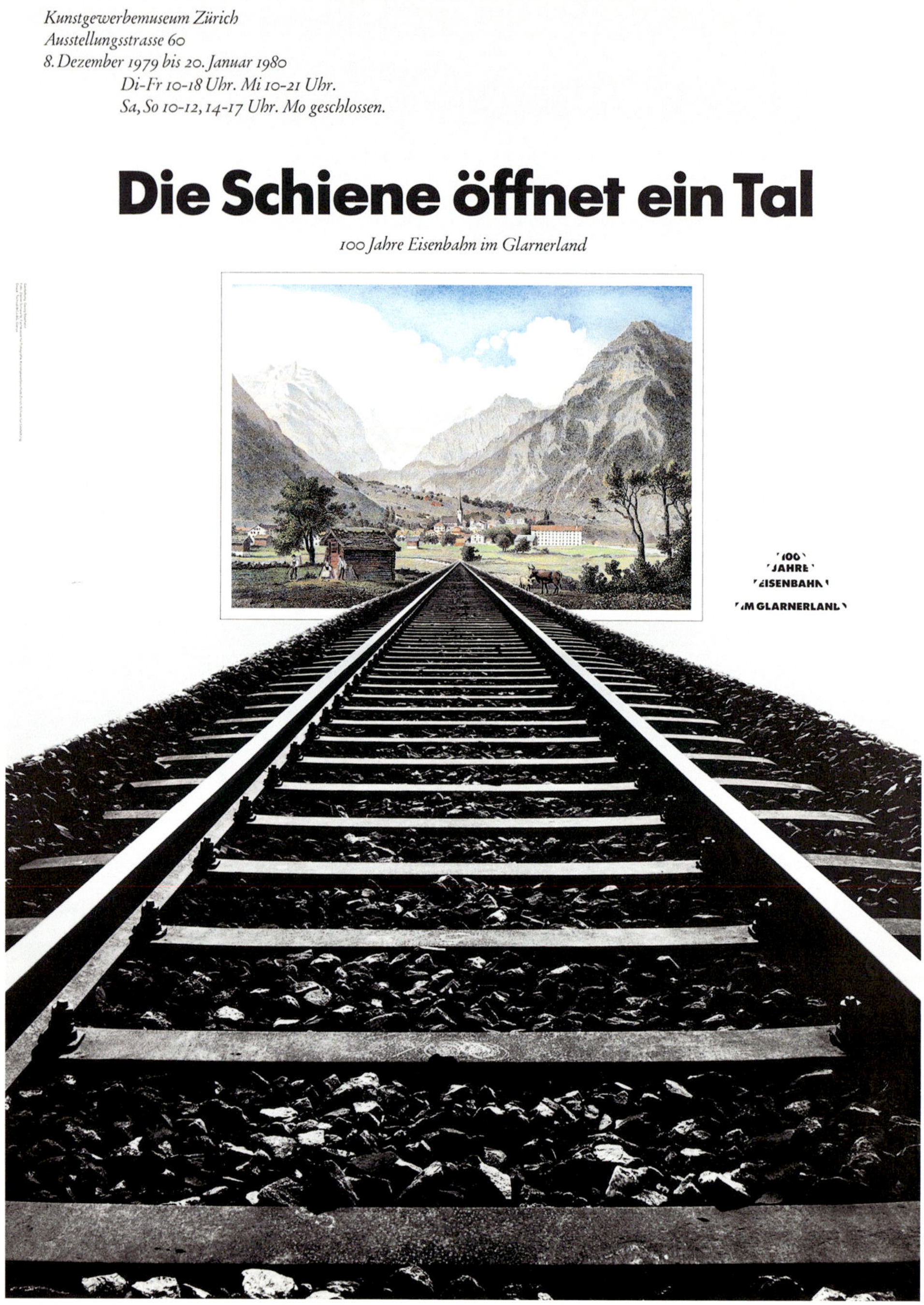

71 **Georg Staehelin**
Kunstgewerbemuseum Zürich/
Die Schiene öffnet ein Tal
1979

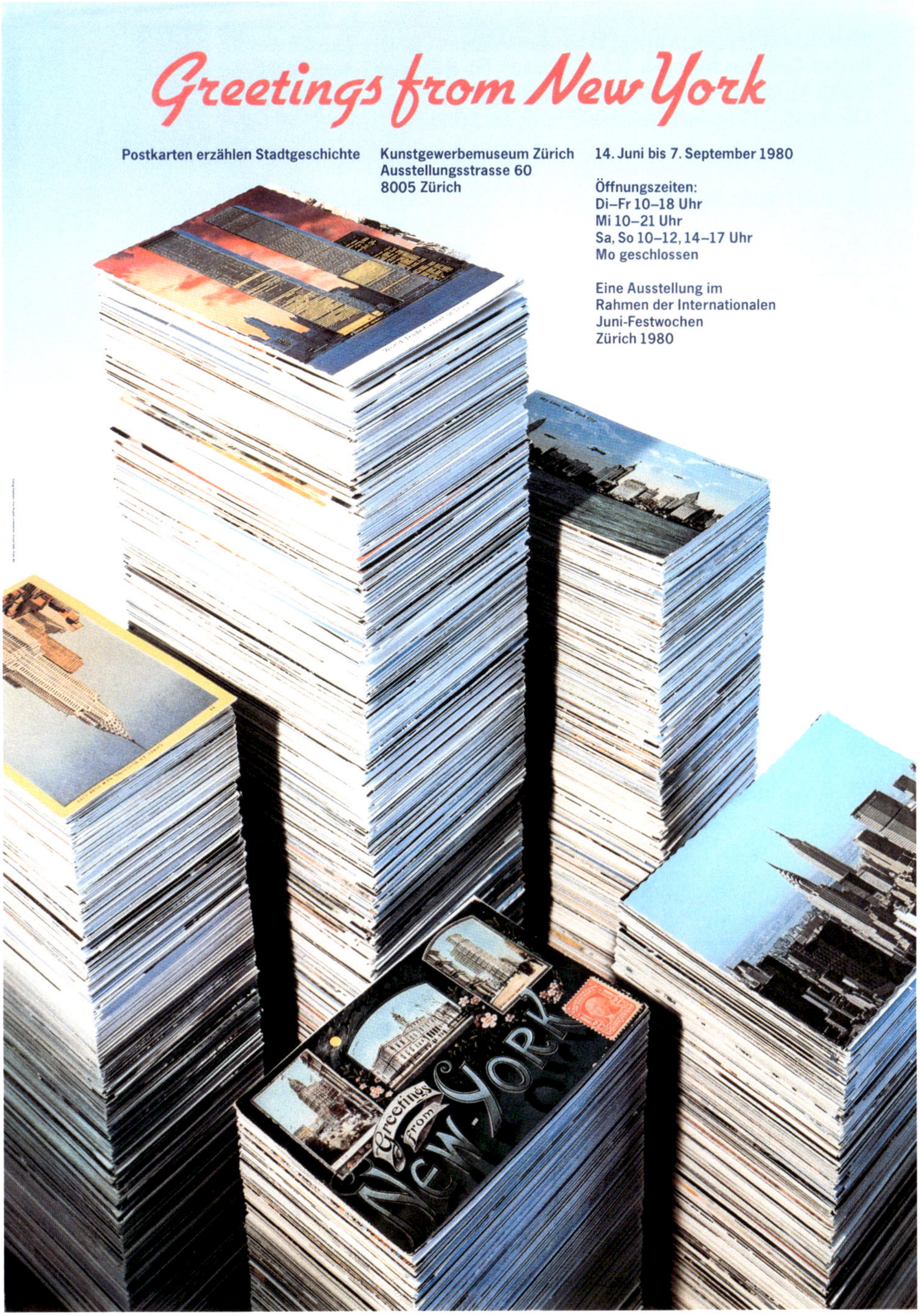

72 **Georg Staehelin**
Kunstgewerbemuseum Zürich/Greetings from New York
1980

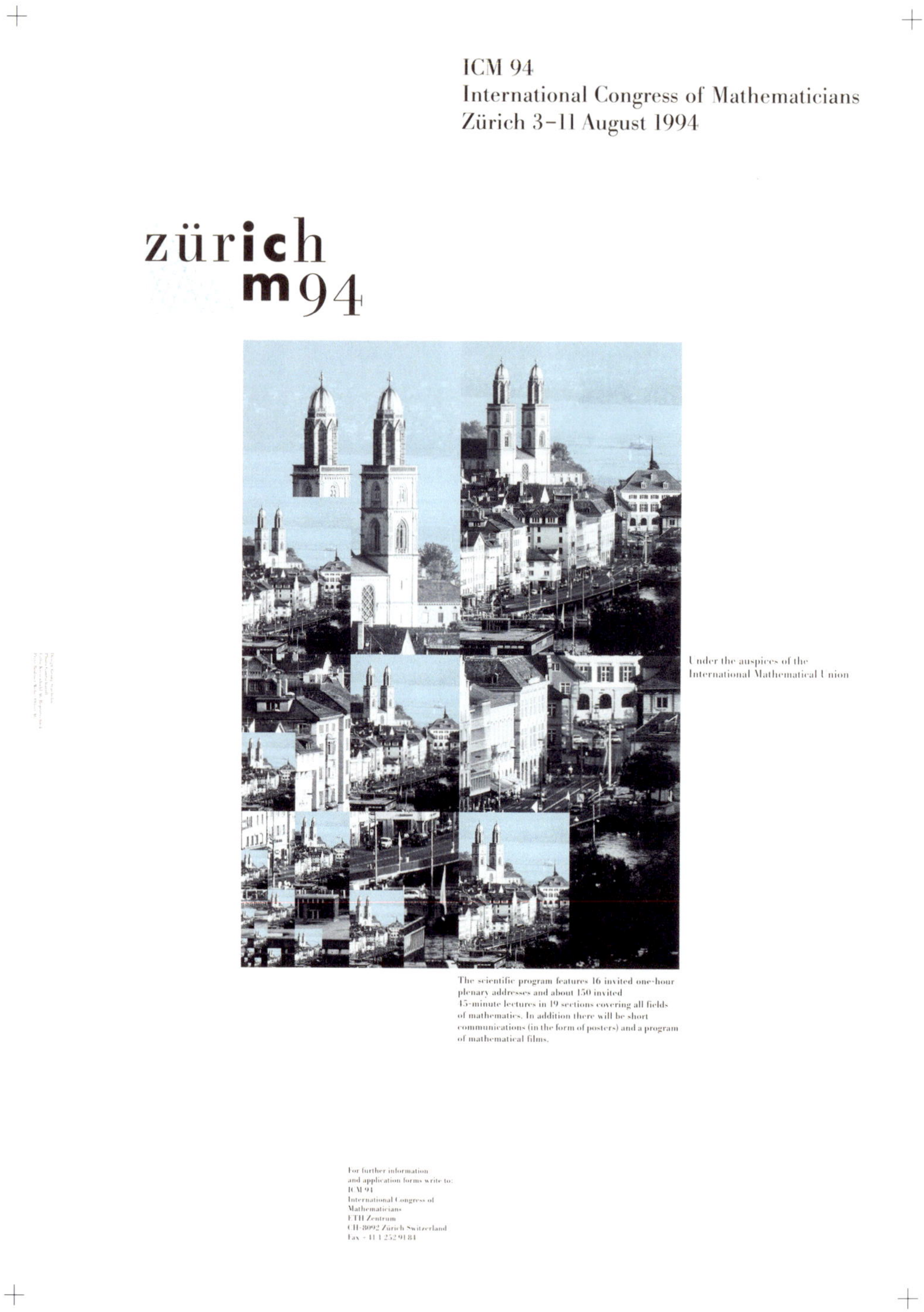

74 **Georg Staehelin**
ICM 94/International Congress of Mathematicians
1994, Entwurf 1991

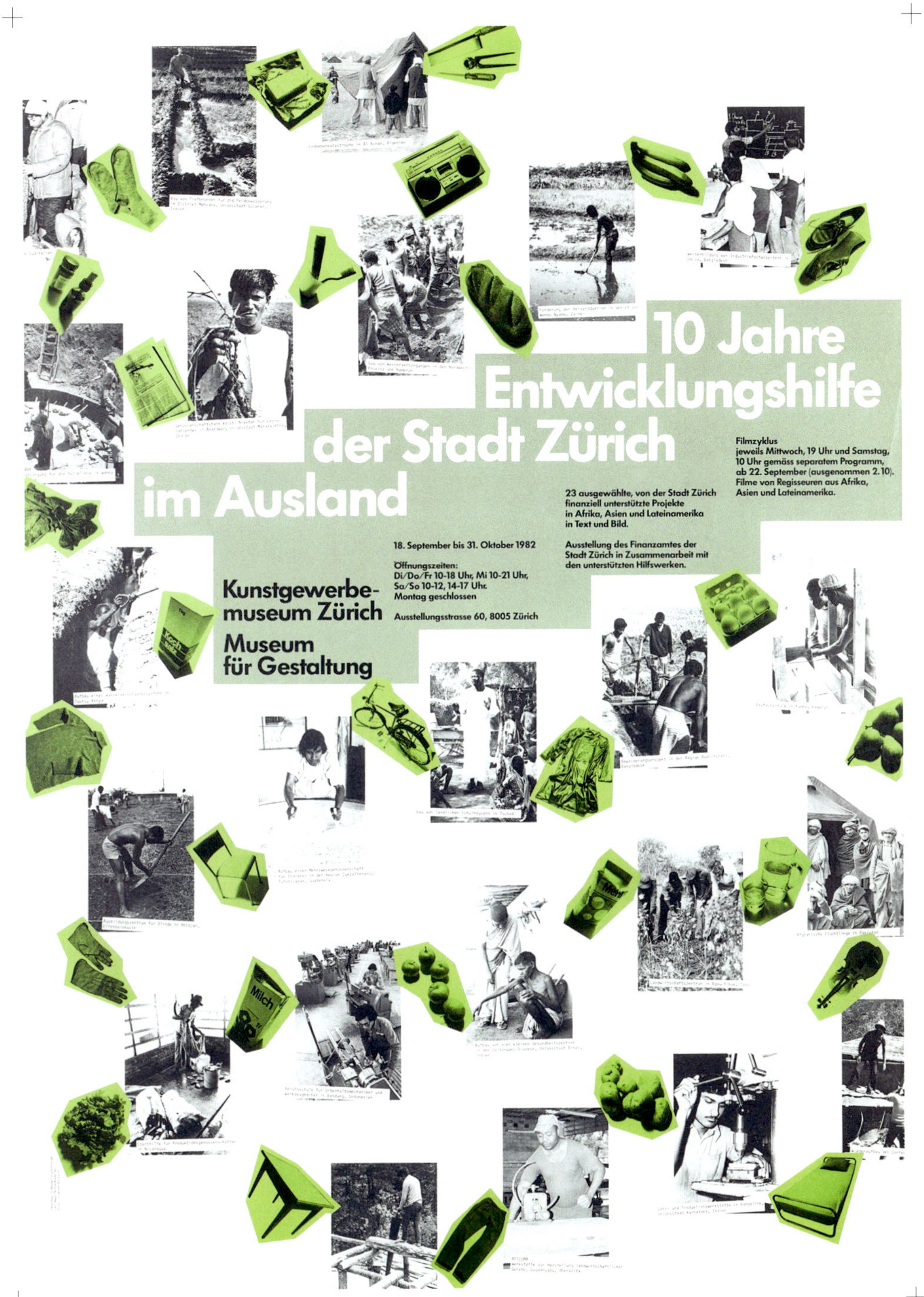

75 **Jörg Hamburger/Jul Keyser**
Kunstgewerbemuseum Zürich/Museum für Gestaltung/
10 Jahre Entwicklungshilfe der Stadt Zürich im Ausland
1982

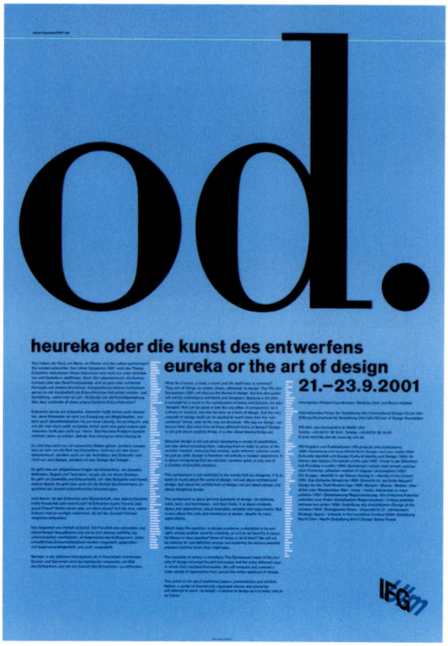

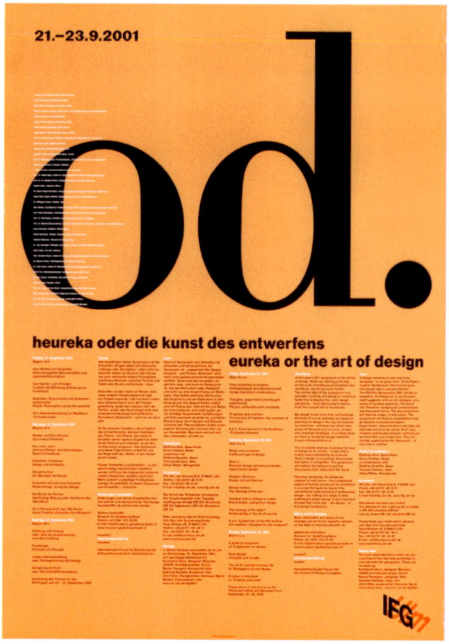

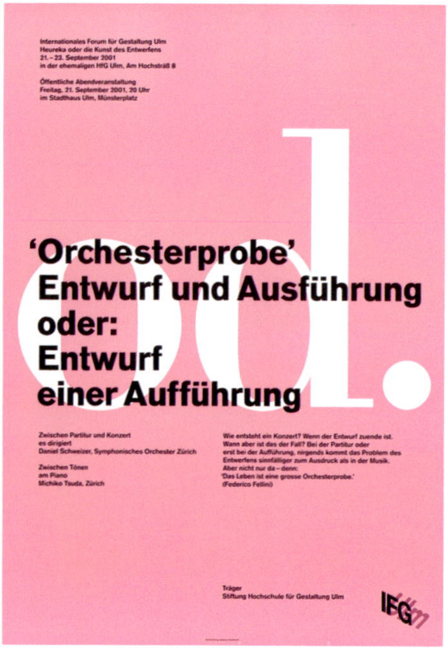

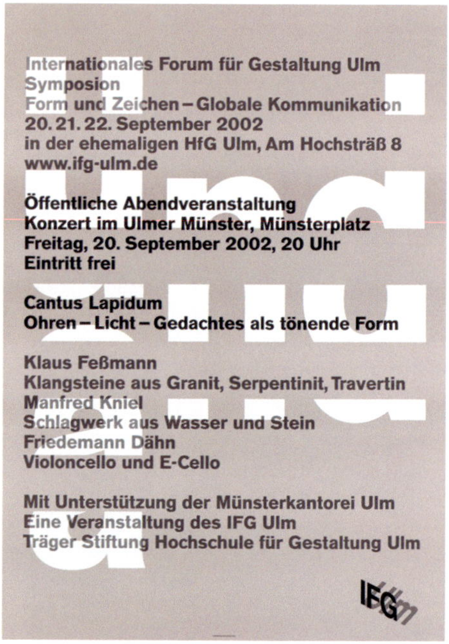

76–79 **Georg Staehelin**
Internationales Forum für Gestaltung IFG Ulm

76, 77 Heureka oder die Kunst des Entwerfens, 2001
78 ‹Orchesterprobe›/Entwurf und Ausführung oder: Entwurf einer Aufführung, 2001
79 Form und Zeichen – Globale Kommunikation/Öffentliche Abendveranstaltung

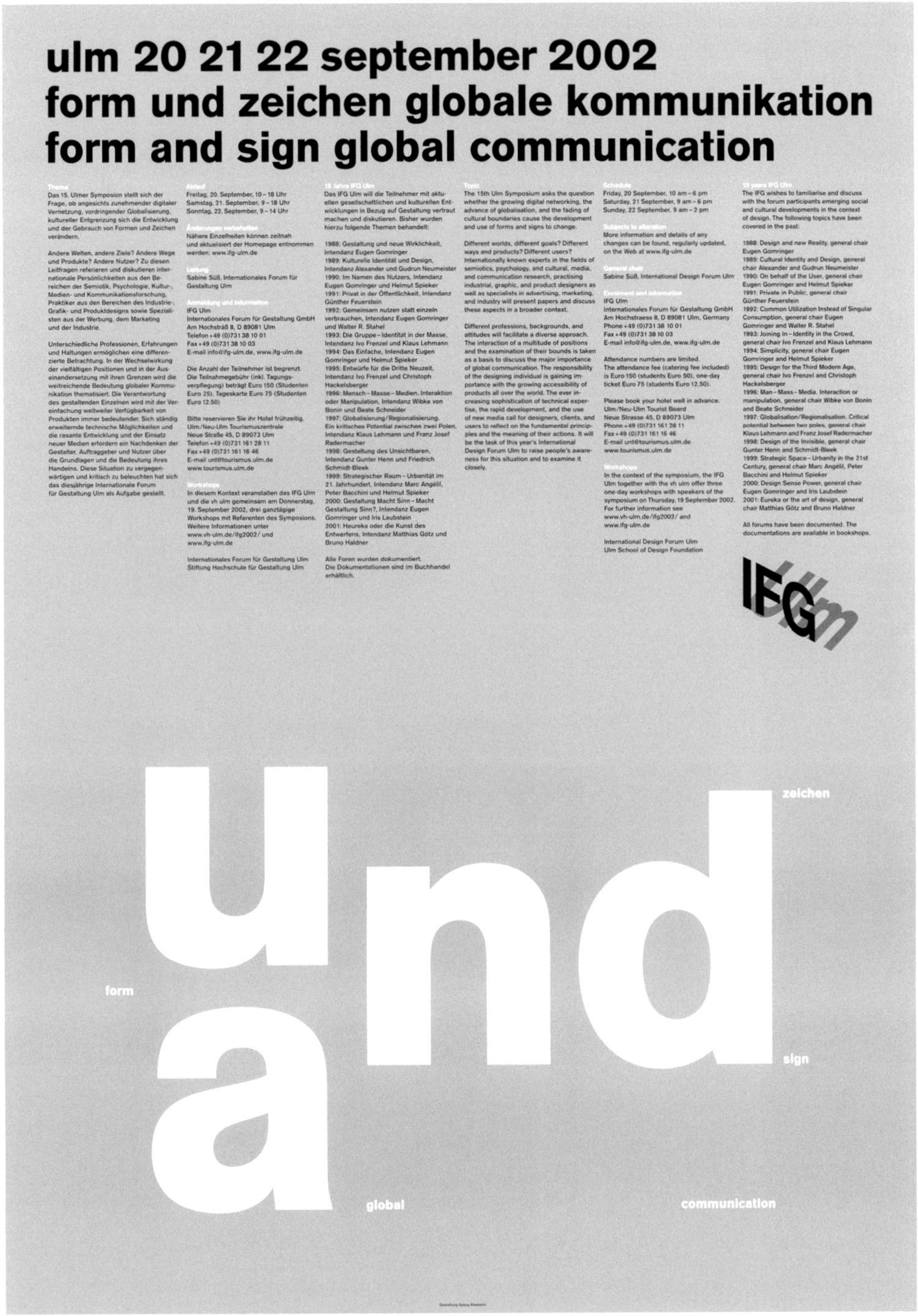

80 **Georg Staehelin**
Internationales Forum für Gestaltung IFG Ulm/
Form und Zeichen/Globale Kommunikation
2002

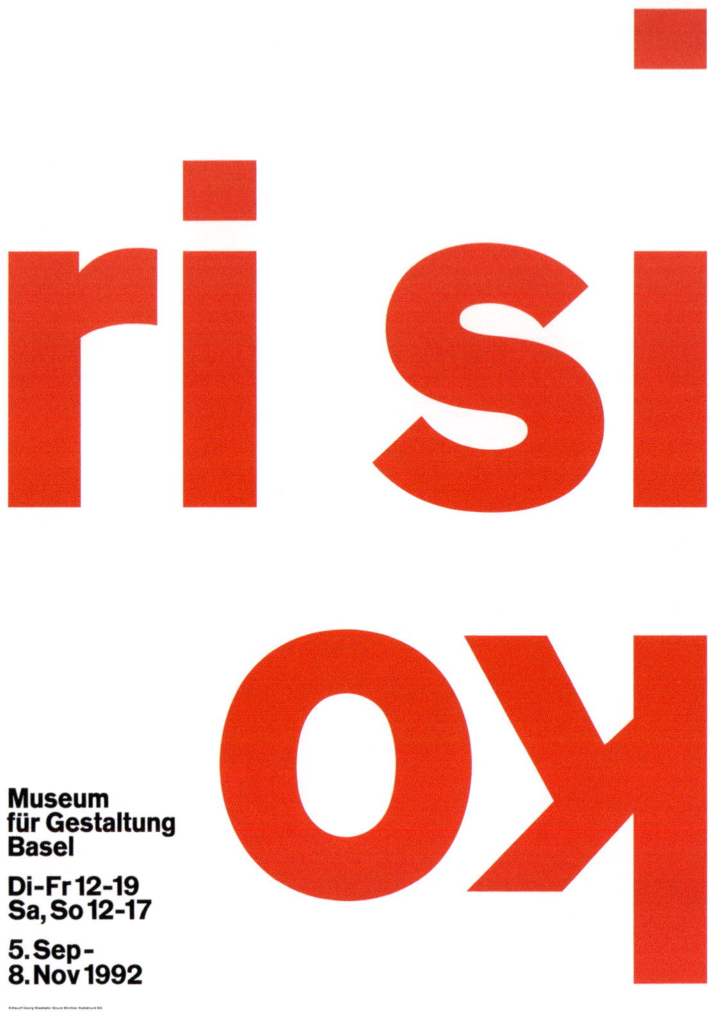

81 **Georg Staehelin**
Museum für Gestaltung Basel/Risiko
1992

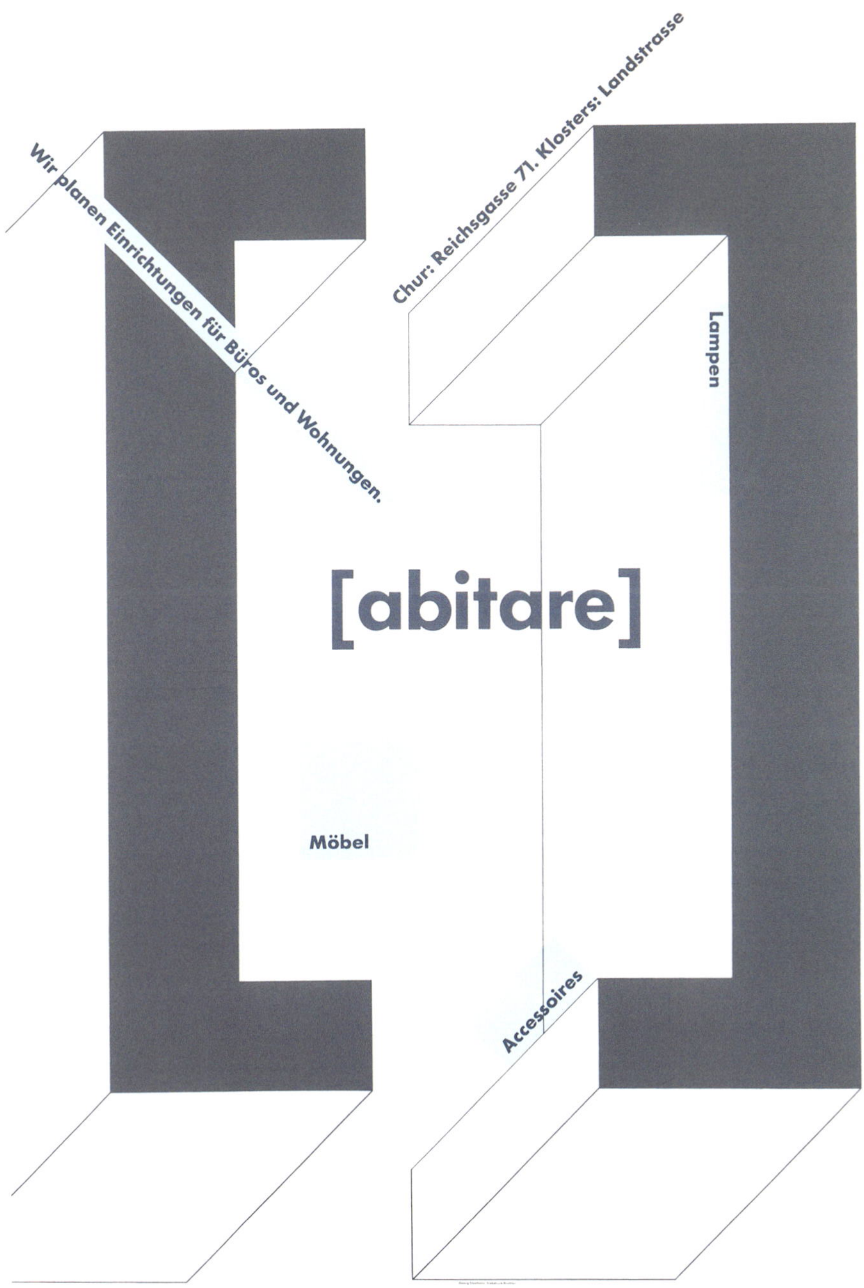

82 **Georg Staehelin**
Abitare/Wir planen Einrichtungen für Büros und Wohnungen.
1988

83 **Georg Staehelin**
Museum für Gestaltung Basel/Schmutz und Sauberkeit
1991

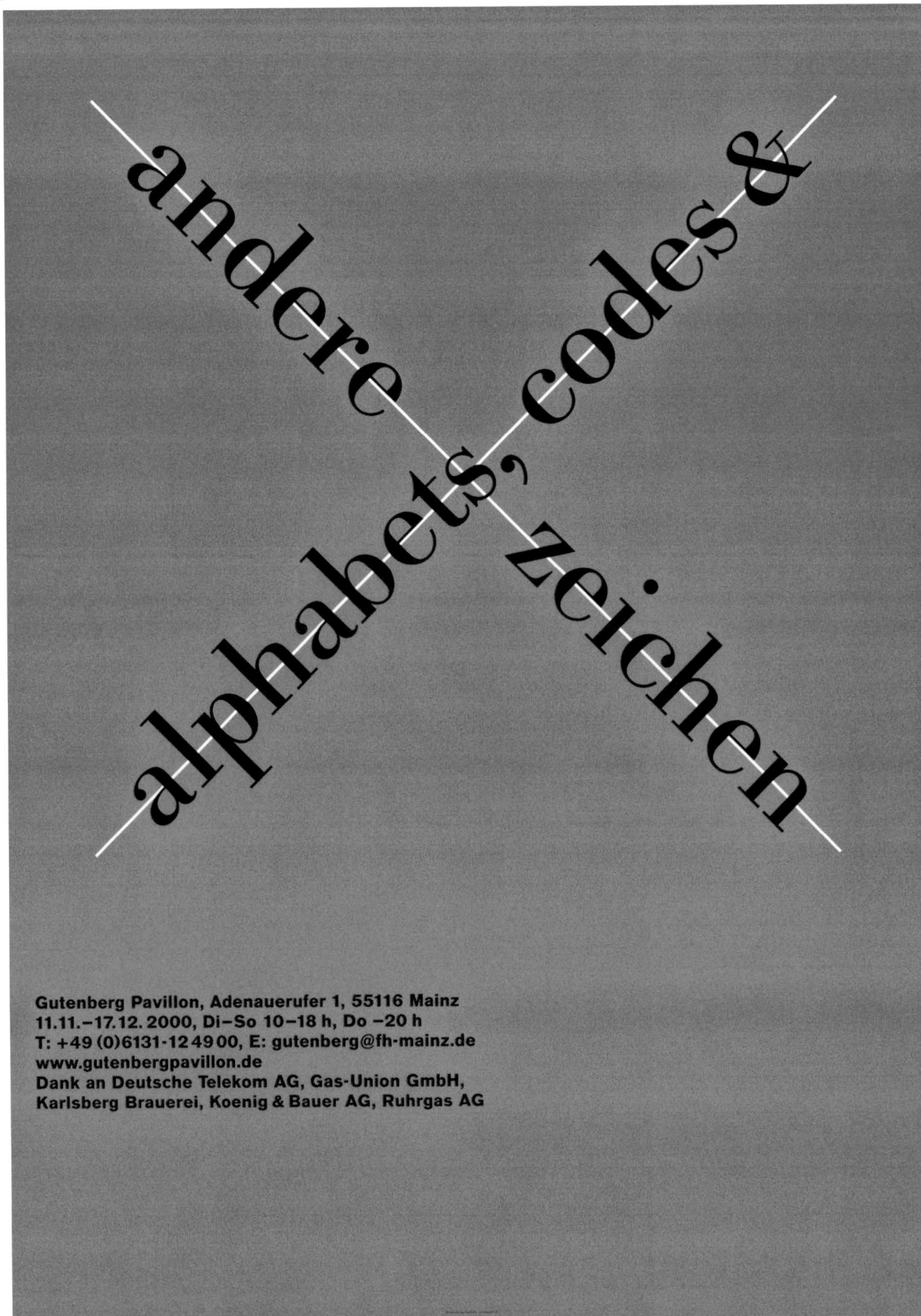

84 **Georg Staehelin**
Gutenberg Pavillon Mainz/
Alphabets, Codes & andere Zeichen
2000

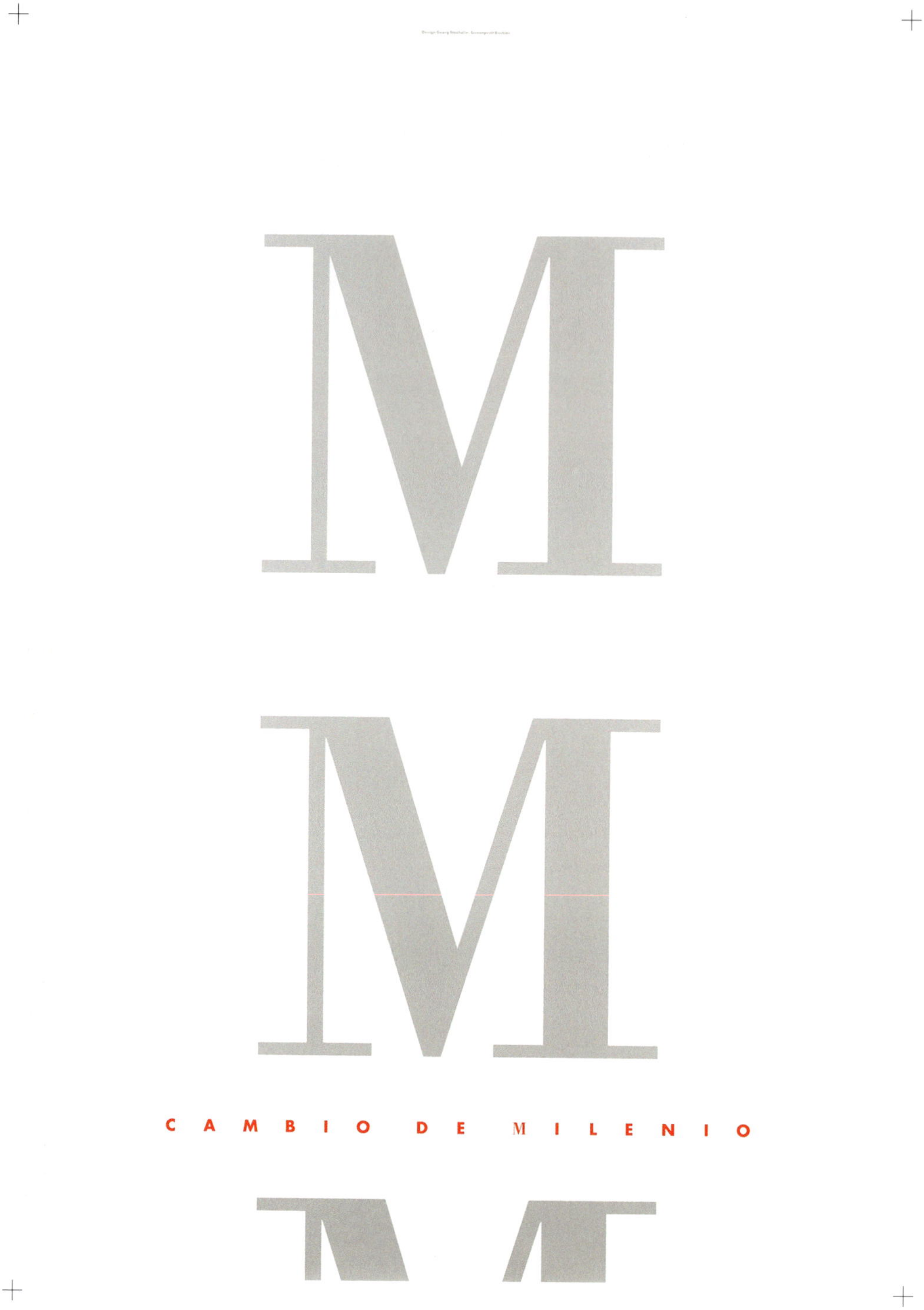

85 **Georg Staehelin**
Cambio de Milenio
1999

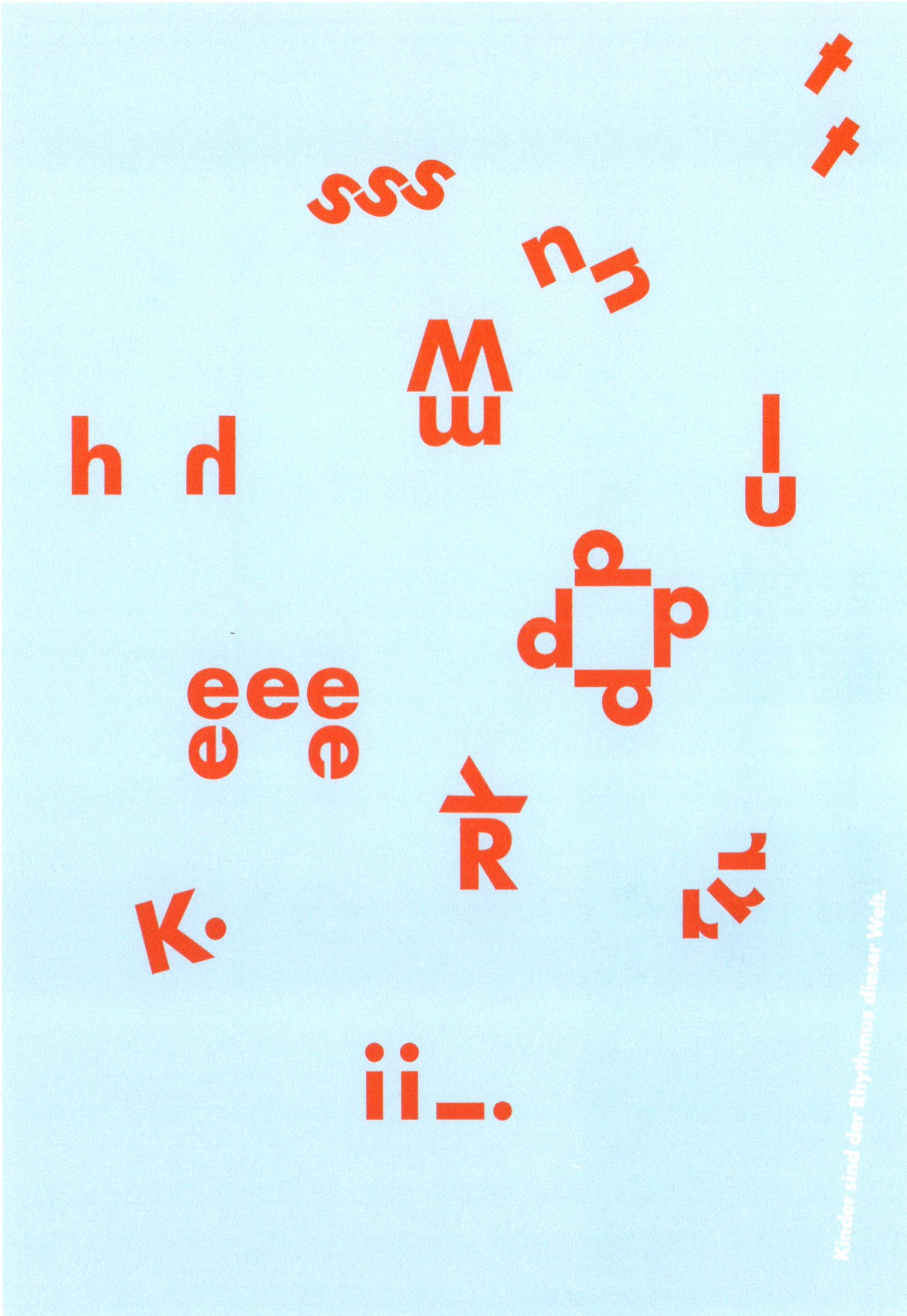

86 **Georg Staehelin**
Kinder sind der Rhythmus dieser Welt.
2002

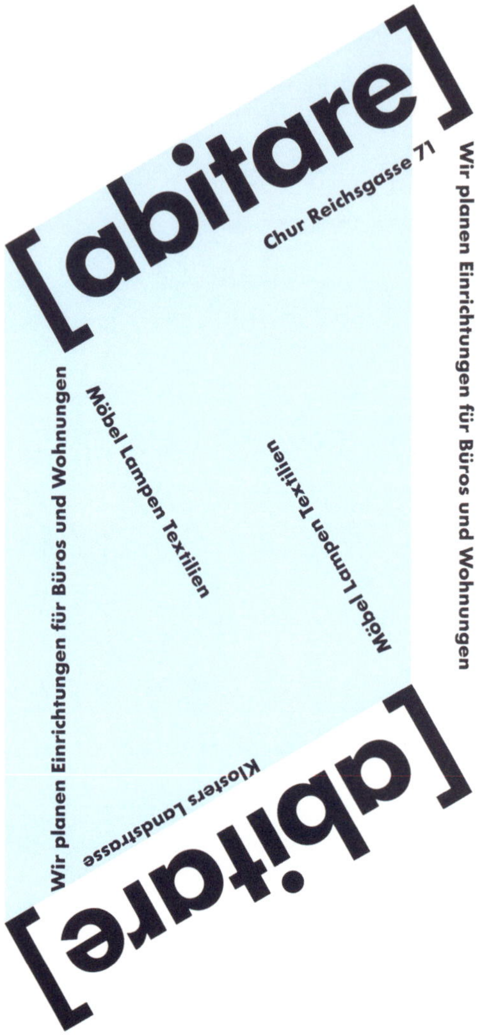

87 **Georg Staehelin**
Abitare Chur Klosters/Möbel Lampen Textilien
1989

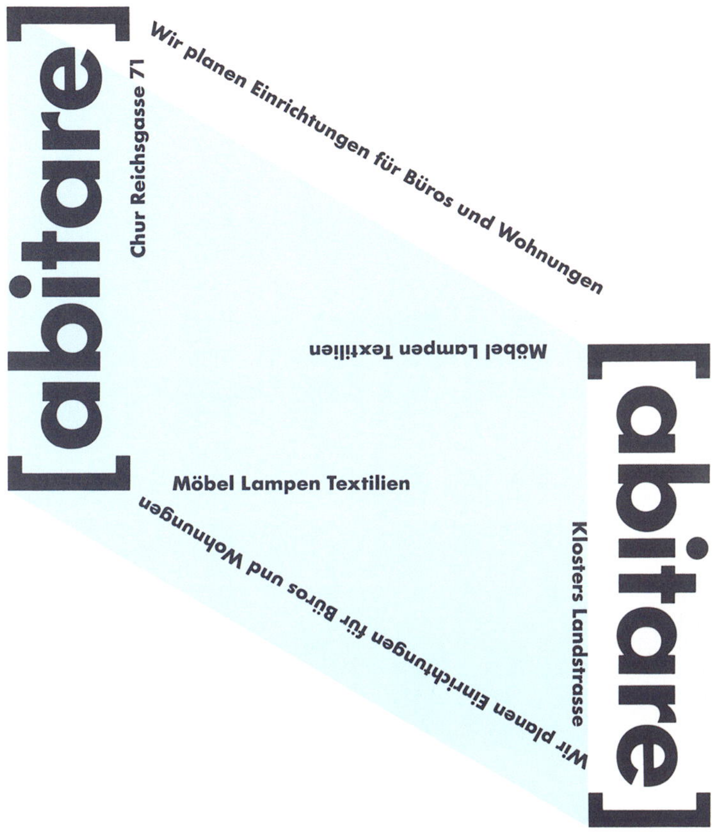

88 **Georg Staehelin**
Abitare Chur Klosters/Möbel Lampen Textilien
1989

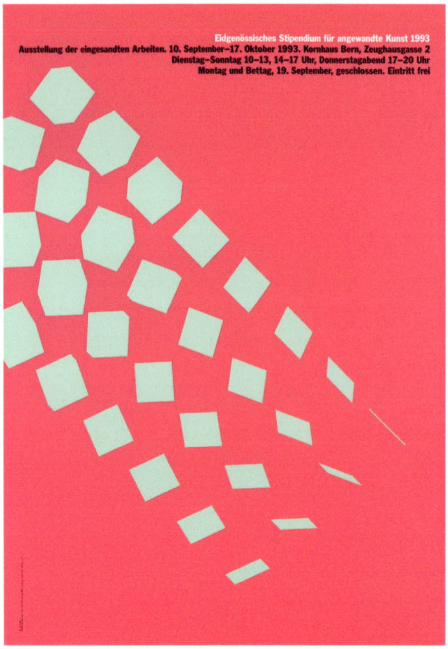

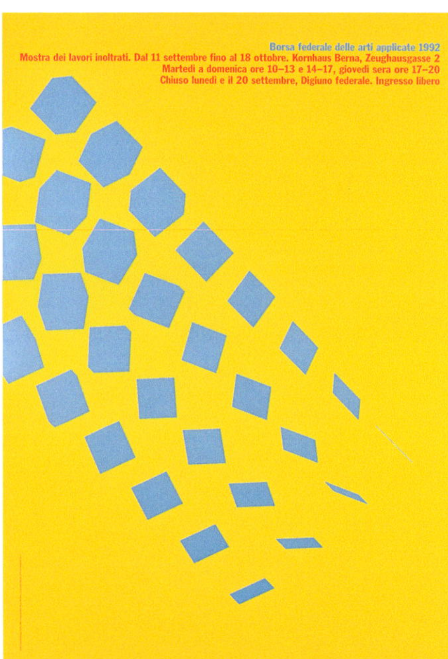

89 **Jörg Hamburger**
Kornhaus Bern/Eidgenössisches Stipendium für angewandte Kunst, 1993

90 **Jörg Hamburger**
Kornhaus Bern/Borsa federale delle arti applicate 1992

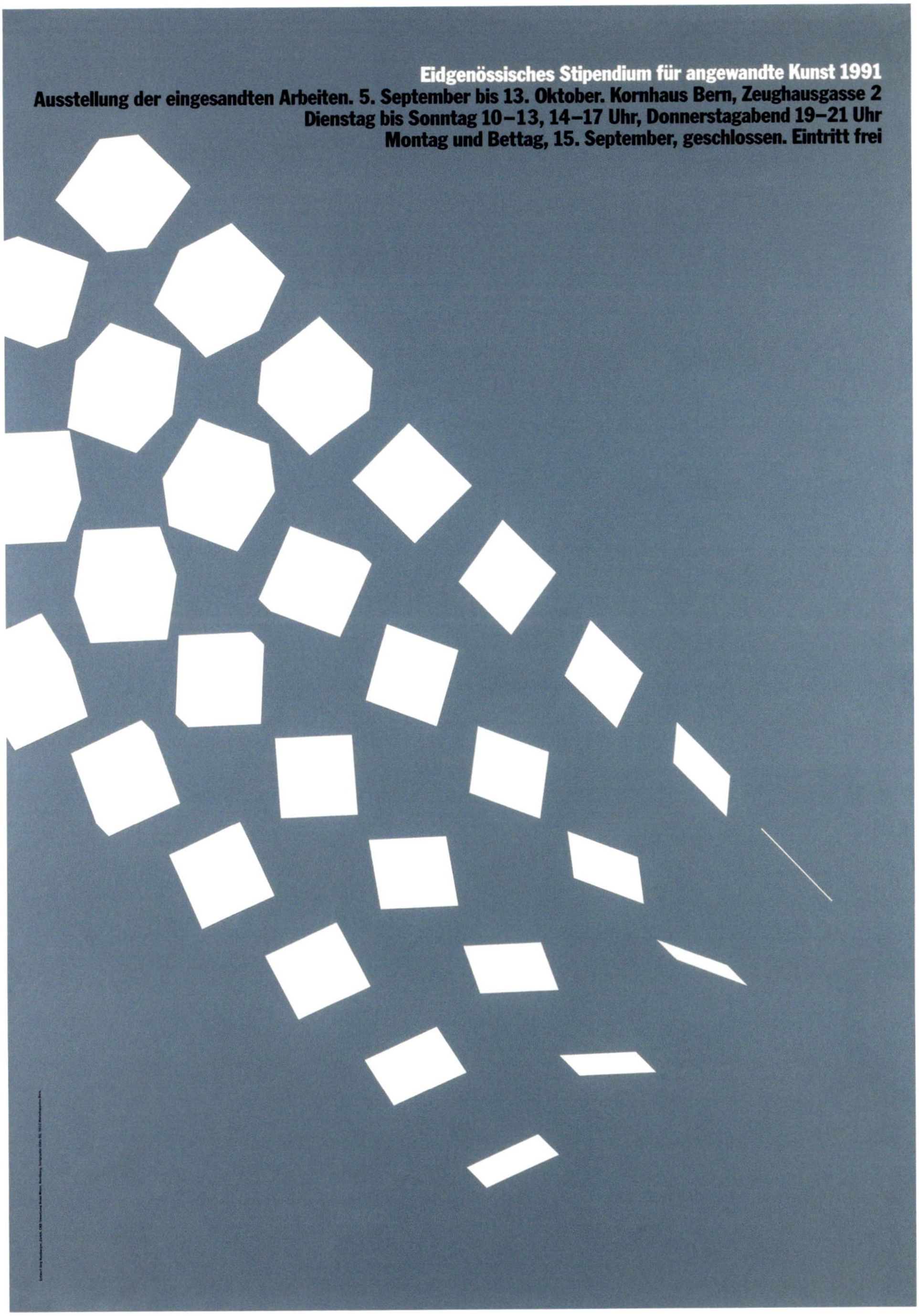

91 **Jörg Hamburger**
Kornhaus Bern/Eidgenössisches Stipendium
für angewandte Kunst
1991

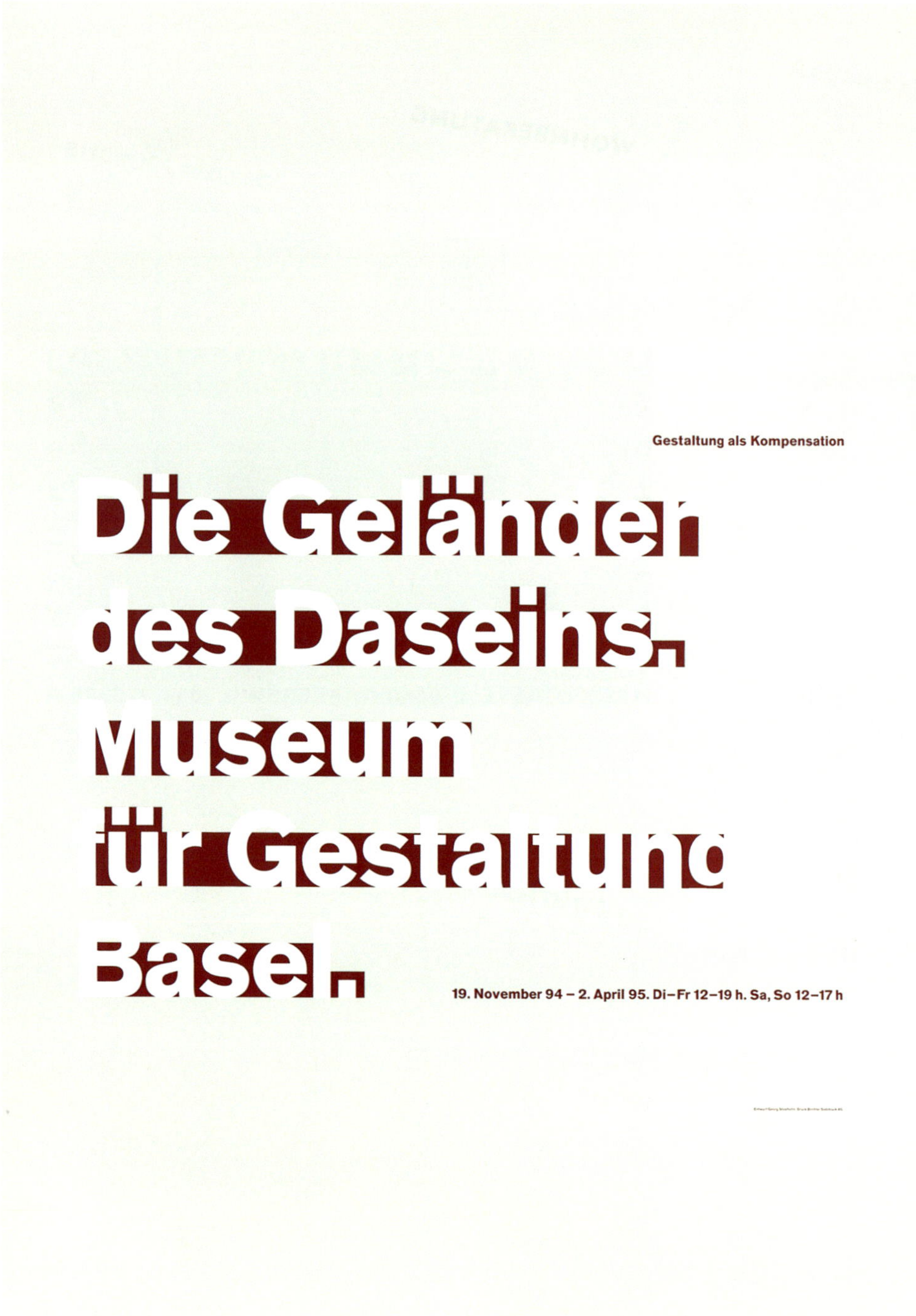

93 **Georg Staehelin**
Museum für Gestaltung Basel./
Die Geländer des Daseins.
1995

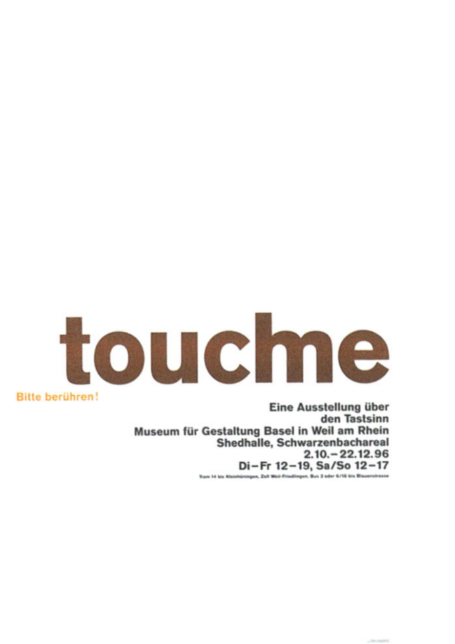

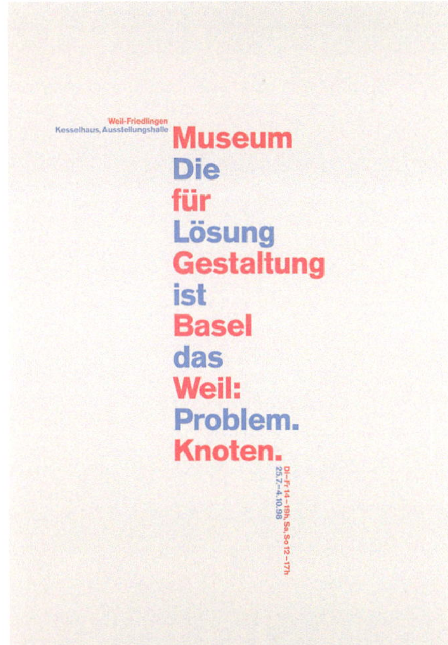

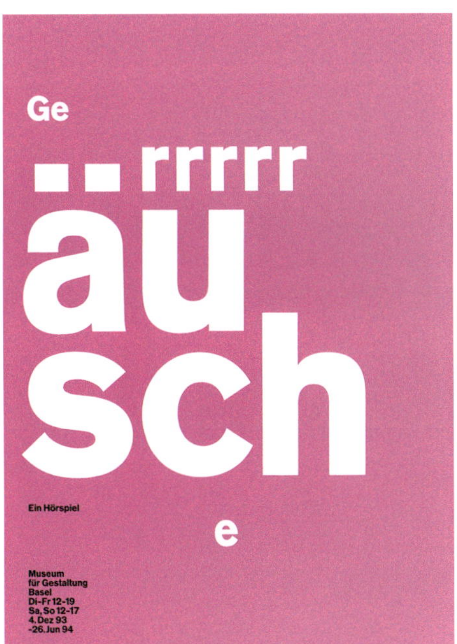

94 **Georg Staehelin**
Museum für Gestaltung Basel in Weil/Touch me
1996

95 **Georg Staehelin**
Museum für Gestaltung Basel/Geräusche
1993

96 **Georg Staehelin**
Museum für Gestaltung Basel in Weil/Knoten.
Die Lösung ist das Problem.
1998

97 **Georg Staehelin**
Museum für Gestaltung Basel/Tarnung, 1992

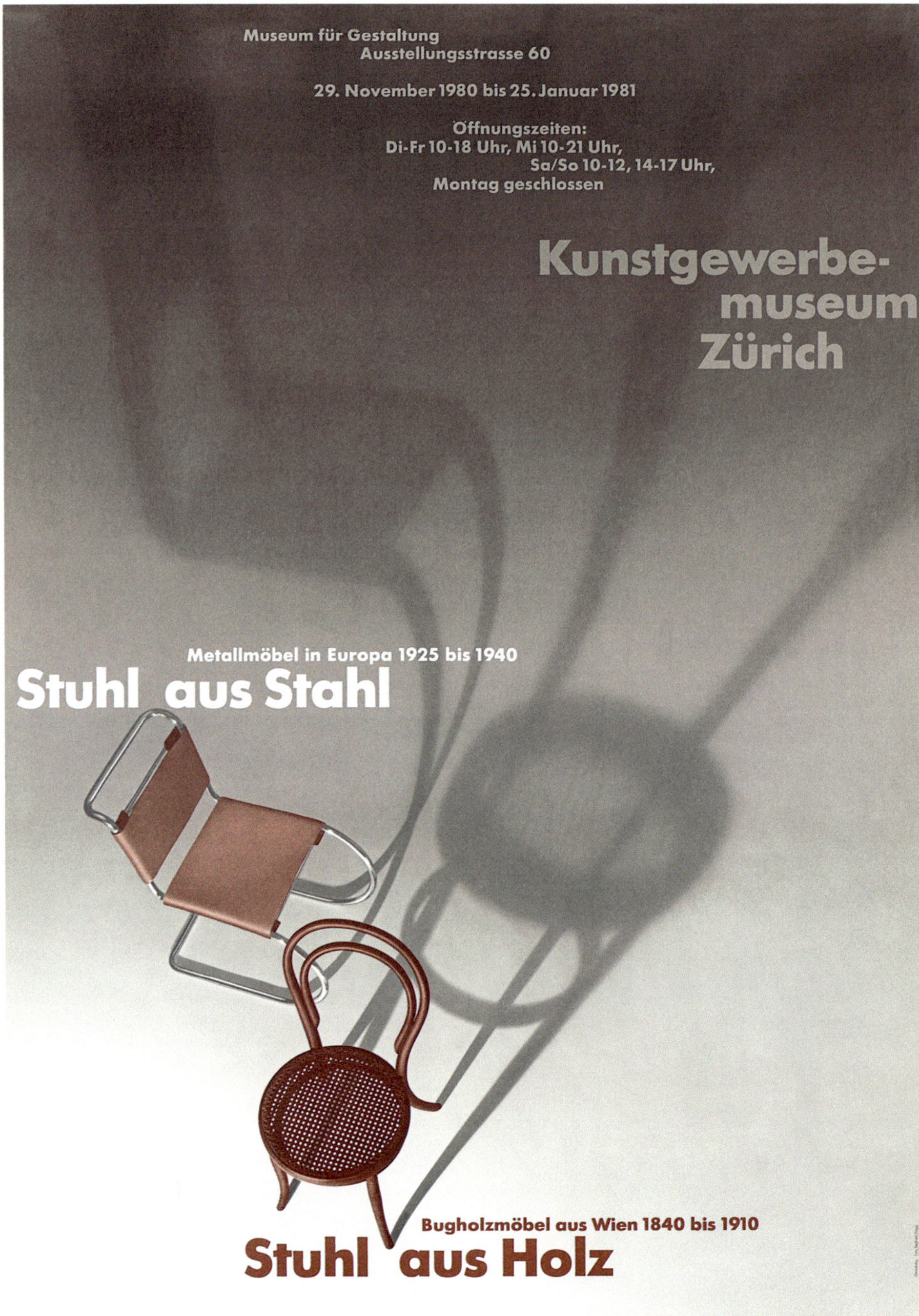

98 **Jörg Hamburger**
Kunstgewerbemuseum Zürich/Stuhl aus Stahl/
Stuhl aus Holz
1980

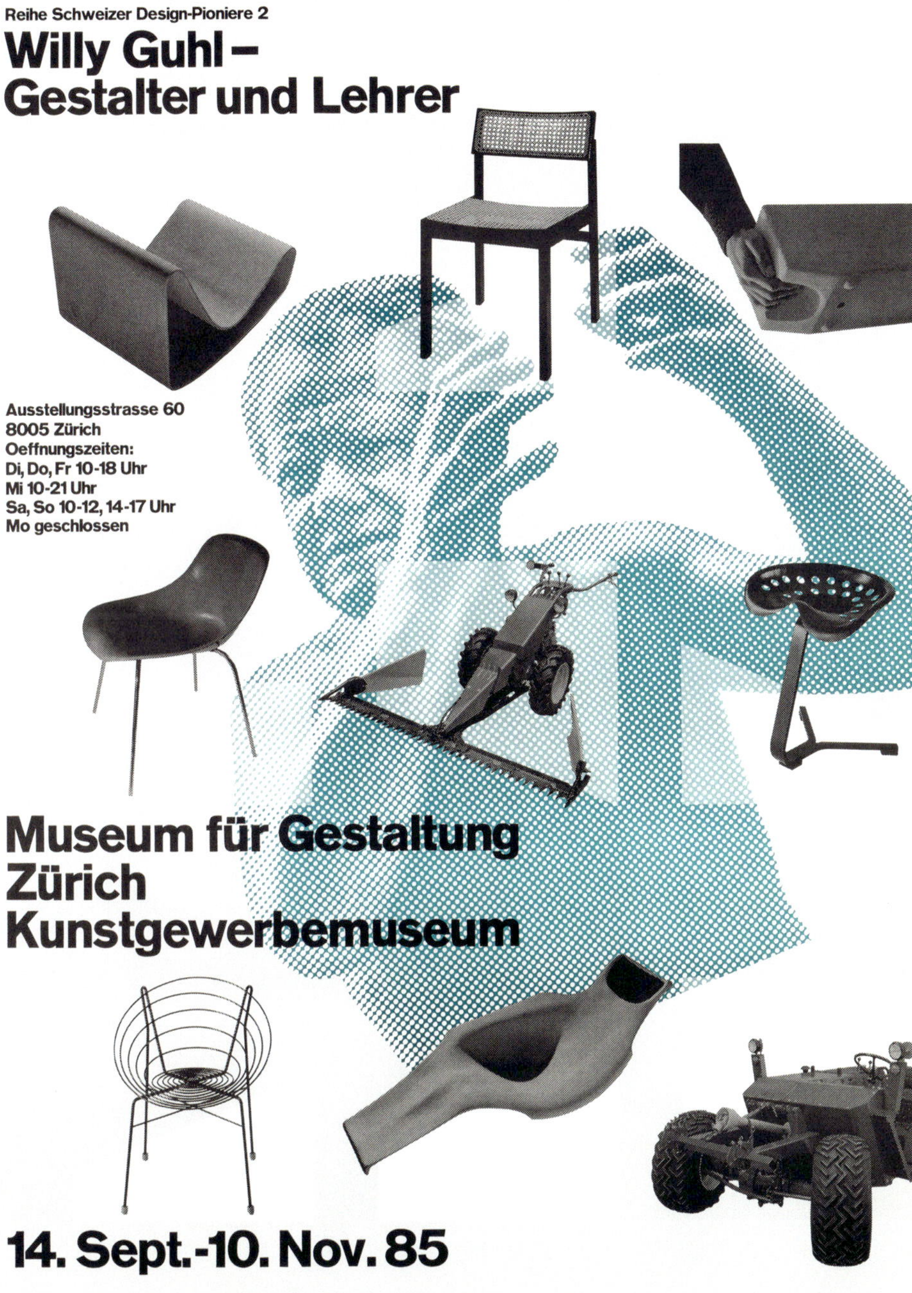

99 **Jörg Hamburger/Georg Staehelin**
Museum für Gestaltung Zürich/Kunstgewerbemuseum/
Willy Guhl – Gestalter und Lehrer
1985

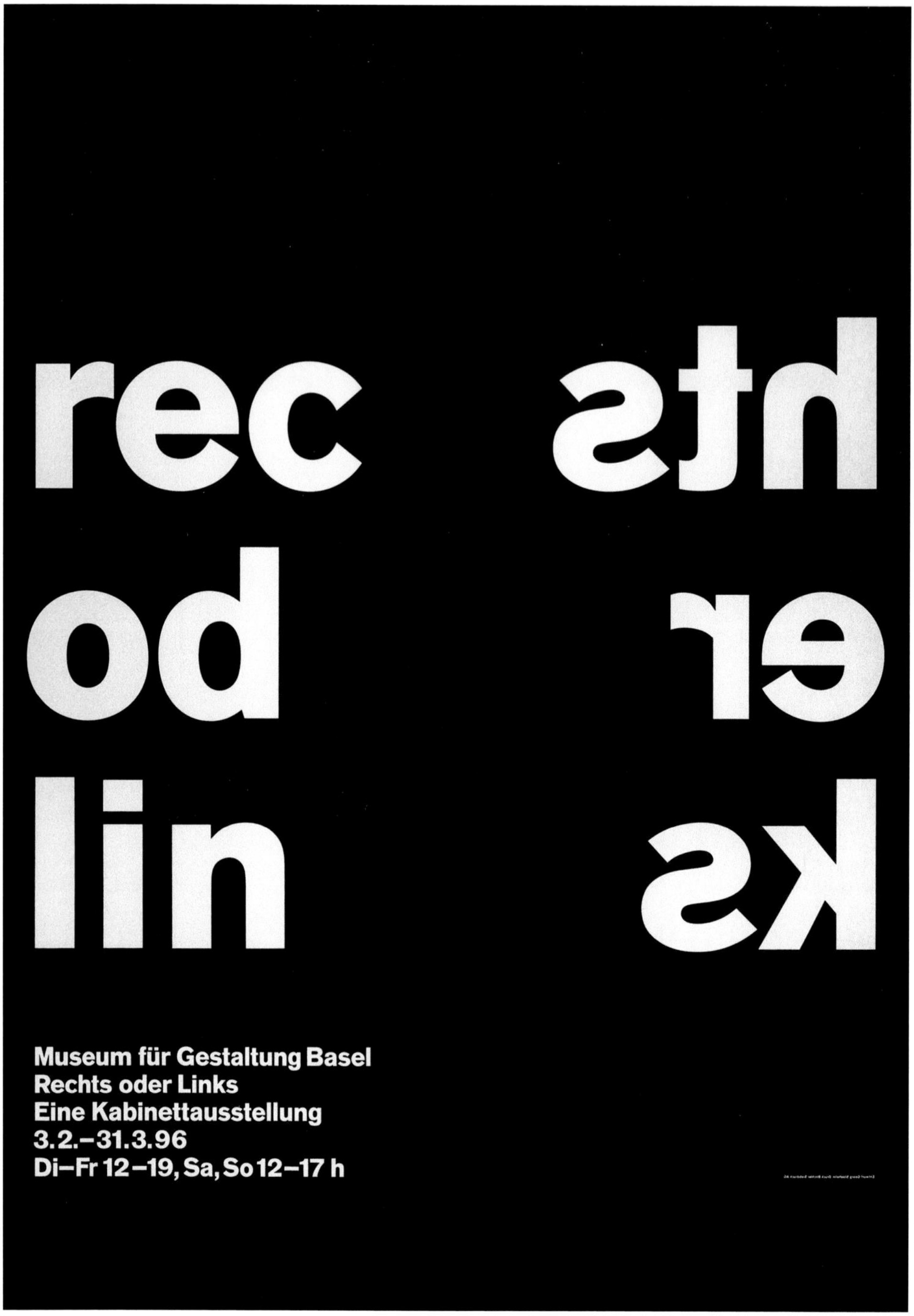

100 **Georg Staehelin**
Museum für Gestaltung Basel/Rechts oder links
1996

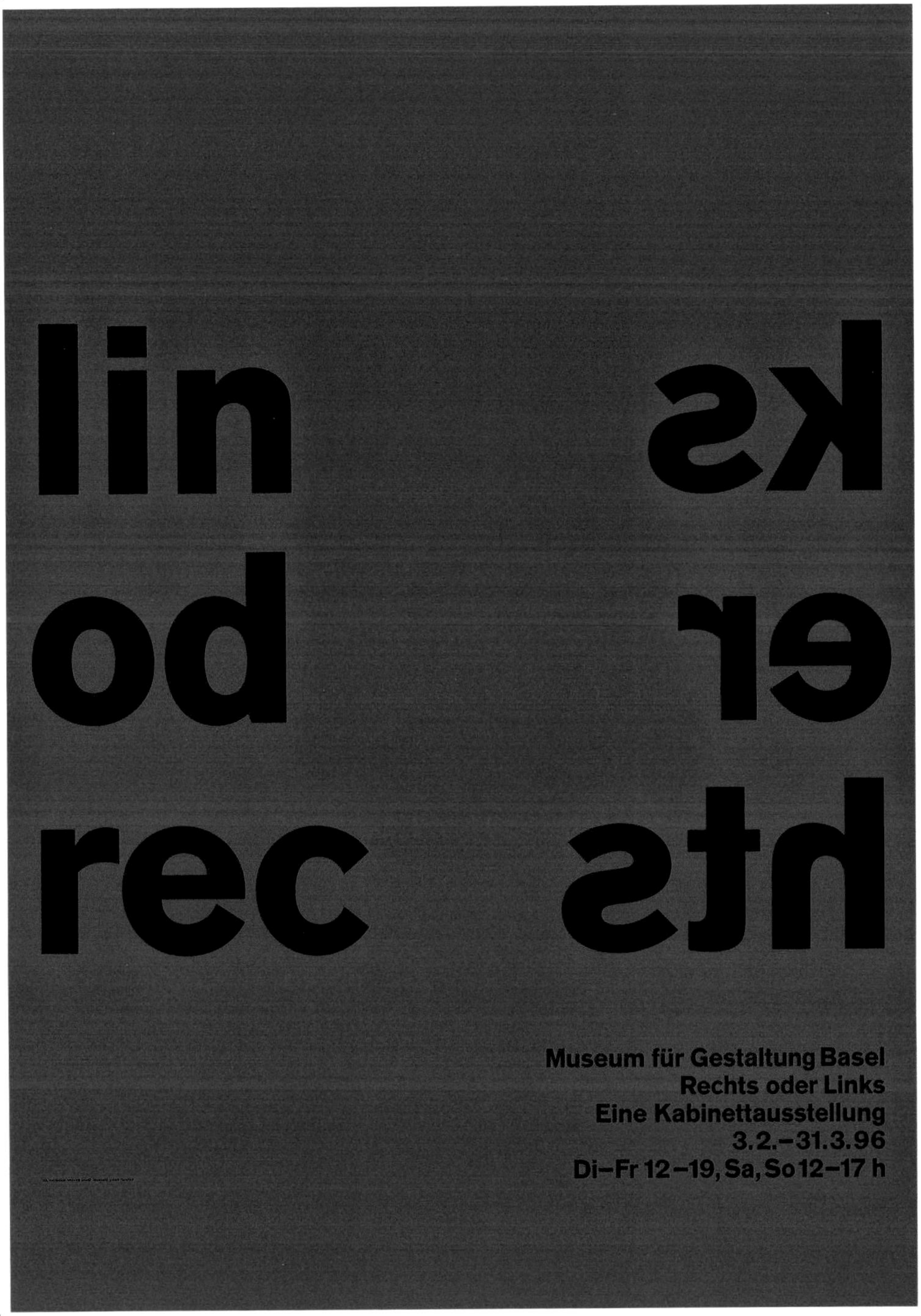

101 **Georg Staehelin**
Museum für Gestaltung Basel/Links oder rechts
1996

Katalog

Alle abgebildeten Plakate stammen aus der Plakatsammlung des Museum für Gestaltung Zürich, mit Ausnahme der Katalognummer 21. Dieses Plakat liegt physisch nicht mehr vor.

Die Objekte zu den Katalognummern 27/28 befinden sich in der Grafiksammlung des Museum für Gestaltung Zürich. Die Fotografie der Katalognummer 29 wurde uns freundlicherweise von Carlo Clivio zur Verfügung gestellt. Die Bildvorlagen für die Signete und Signetentwürfe der Katalognummern 30 bis 40 wurden der Zeitschrift Typografische Monatsblätter, TM, 2, 2006, S. 24–26 entnommen. Die Objekte der Katalognummern 41 bis 52 sind im Besitz von Georg Staehelin.

Die Rechte (insbesondere Urheberrechte) für die Arbeiten von Jörg Hamburger liegen bei der Witwe Bettina Hamburger, für die Arbeiten von Georg Staehelin bei diesem selbst.

Wenn nicht anders vermerkt, handelt es sich um Plakate.

Bei den Plakaten folgen die Daten des Katalogs den Rubriken Gestaltung, Plakattext, Erscheinungsjahr, Erscheinungsland, Drucktechnik, Format, weitere Bemerkungen. Dabei gelten insbesondere folgende Regelungen:

Plakattext: Die beste Textwiedergabe bildet die Abbildung des Plakates selbst. Darum wird hier eine vereinfachte Form wiedergegeben, welche nur die aussagekräftigen Textbestandteile berücksichtigt. Allfällige Umstellungen dienen der Verständlichkeit. Das Zeichen / trennt inhaltliche Texteinheiten. Nach der Originalsprache folgt immer die entsprechende Übersetzung in Deutsch resp. in Englisch.

Erscheinungsland: Das Erscheinungsland wird mit dem international gebräuchlichen ISO-Code angegeben. Da die meisten Plakate von Jörg Hamburger und Georg Staehelin in der Schweiz im Aushang waren, wird in der vorliegenden Publikation das Erscheinungsland nur dann genannt, wenn davon abweichend.

Format: Die Angaben werden in der Abfolge Höhe × Breite und in cm gemacht. Weil die Plakate oft nicht exakt rechtwinklig geschnitten sind, werden die Abmessungen auf halbe cm aufgerundet.

Die Plakatgeschichte ist ein junges Forschungsgebiet – verlässliche Hinweise sind rar. Jeder Hinweis und jede Ergänzung sind willkommen:
sammlungen@museum-gestaltung.ch

Catalog

All posters reproduced are from the Museum für Gestaltung Zürich's Poster Collection, with the exception of the poster corresponding to catalog number 21. This poster is no longer extant in a material form.

The objects that correspond to catalog numbers 27/28 are held in the Graphic Collection of the Museum für Gestaltung Zürich. The photograph of catalog number 29 was kindly made available by Carlo Clivio. The master illustrations used to reproduce the logotypes and logotype designs listed under catalog numbers 30 to 40 come from the journal *Typografische Monatsblätter (TM)* 2 (2006): 24–26. The objects listed under catalog numbers 41 to 52 belong to Georg Staehelin.

The rights (in particular copyright) for Jörg Hamburger's works are held by his widow Bettina Hamburger; Georg Staehelin holds the rights to his own works.

The items are posters unless identified otherwise.

The data listed in the catalogue is broken down into the following sections: designer, poster title and/or text, year and country of first appearance, printing technique, size, and further comments. In particular, the following rules have been applied:

Poster text: The poster itself provides the best version of the text, and thus a simplified form is used which provides only the most meaningful elements. Any rearrangements that have been made are for purposes of intelligibility. A slash separates textual units by content. The original language is followed by a translation into German and/or English.

Country of first appearance: The country of first appearance is identified by the internationally accepted ISO code. Since most of the posters by Jörg Hamburger and Georg Staehelin first appeared in Switzerland, this publication only notes exceptions.

Format: The dimensions are given in centimeters as height × width. Because posters are often not cut exactly at right angles, the dimensions are rounded off to the half-centimeter.

The history of posters is a recent field of research and reliable information is rare. Any further references or additional material is welcome:
sammlungen@museum-gestaltung.ch

1 Jörg Hamburger/Georg Staehelin
Photo: Stefanie Knapp
Museum für Gestaltung Zürich/
Unbekannt – Vertraut/«Anonymes»
Design im Schweizer Gebrauchsgerät
seit 1920 – Unknown – Familiar/
"Anonymous" Design in Swiss
Household Goods since 1920
1987 Offset 128 × 90,5 cm

2 Georg Staehelin
Museum für Gestaltung Basel/
Der Zuschauer – The Viewer
1993 Siebdruck – Screenprint
128 × 90,5 cm

3 Jörg Hamburger
Photo: Doris Quarella
Kunstgewerbemuseum Zürich/
Apulien/Erlebnis und Gestaltung –
Apulia/Experience and Design
1965 Offset 127 × 90 cm

4 Georg Staehelin
Kunstgewerbemuseum Zürich/Körper
– Schmuck – Zeichen – Raum –
Bodies – Jewelry – Sign – Space
1981 Siebdruck – Screenprint
127 × 90 cm

5 Jörg Hamburger
Schauspielhaus Zürich/Juni-Festwochen 1970 – 1970 June Festival Week
1970 Offset 127 × 90 cm

6 Jörg Hamburger
Photo: Hanspeter Mühlemann
Chum mach mit/Im turnerisch-sportlichen Vorunterricht turnen, spielen,
wandern, skifahren, orientierungslaufen
– Come on, join in/Gymnastics, team
sports, hiking, skiing and orienteering
in youth sports instruction
1962 Offset 128 × 90,5 cm

7 Georg Staehelin
Museum für Gestaltung Basel/Netto/
Nichts als Inhalt – Net/Pure Content
1994 Siebdruck – Screenprint
128 × 90,5 cm

8 Jörg Hamburger
Museum für Gestaltung Zürich/
Sigfried Giedion/Der Entwurf einer
modernen Tradition – Designing a
Modern Tradition
1989 Offset 128 × 90,5 cm

9 Georg Staehelin
Kunstgewerbemuseum der Stadt
Zürich/Museum für Gestaltung/
Die Vase – The Vase
1982 Offset 127 × 90 cm

10 Jörg Hamburger/Georg Staehelin
Die Design-Sammlung des Museums
für Gestaltung Zürich/Erwerbungen
seit 1986 –The Design Collection
of the Museum für Gestaltung Zürich/
Acquisitions since 1986
1990 Offset 128 × 90,5 cm

11 Georg Staehelin
Museum für Gestaltung Zürich/
z.B. Schuhe/Vom blossen Fuss zum
Stöckelschuh. Eine Kulturgeschichte
der Fussbekleidung. – e.g. Shoes/
Barefoot to Stiletto: A Cultural History
of Footwear
1988 Offset 127 × 90 cm

12 Jörg Hamburger/Georg Staehelin
Kunstgewerbemuseum Zürich/
Museum für Gestaltung/Design –
Formgebung für Jedermann. Typen
und Prototypen. – Design – Shaping
Form for All: Types and Prototypes.
1983 Offset 127 × 90 cm

13 Jörg Hamburger
Kunstgewerbemuseum Zürich/
Experiment in Fläche und Raum/
Baljeu/Biedermann/Cairoli/Ernest/
Gorin/Hill/Martin/van Woerkom –
Experimenting with Planes and Space/
Baljeu/Biedermann/Cairoli/Ernest/
Gorin/Hill/Martin/van Woerkom
1962 Offset 127 × 90 cm

14 Georg Staehelin
Museum für Gestaltung Basel in Weil/
Rosige Aussichten/Naturdesign –
Rosy Prospects/Nature and Design
1997 Siebdruck – Screenprint
128 × 90,5 cm

15 Georg Staehelin
Museum für Gestaltung Basel/Modell
Schweiz. Eine Modellausstellung. –
Model Switzerland: A Model Exhibition.
1996 Siebdruck – Screenprint
128 × 90,5 cm

16 Georg Staehelin
Museum für Gestaltung Basel/ah
oh mmmh ah/Aroma, Aroma/Versuch
über den Geruch – ah oh mmmh
ah/Aroma, Aroma/ Experimenting with
the Sense of Smell
1995 Siebdruck – Screenprint
128 × 90,5 cm

17 Georg Staehelin
Museum für Gestaltung Basel/
Über den Boden – About the Ground
1993 Siebdruck – Screenprint
128 × 90,5 cm

18 Georg Staehelin
Museum Strauhof Zürich/
Duftnotizen. Der Geruchssinn in
der Literatur. – Notes on Scents:
The Sense of Smell in Literature.
1996 Siebdruck – Screenprint
128 × 90,5 cm

19 Jörg Hamburger
Kunstgewerbemuseum Zürich/
Keramik/Email/Keramik von Albrecht
Hohlt/Email-Bilder von Pepi
Weixlgärtner-Neutra/Elisabeth
Söderberg-Weixlgärtner – Ceramics/
Enamel/Ceramics by Albrecht
Hohlt/Enamel Images by Pepi
Weixlgärtner-Neutra/Elisabeth
Söderberg-Weixlgärtner
1963 Offset 127 × 90 cm

20 Georg Staehelin
Museum für Gestaltung Basel/
Der Schatten – das älteste Medium
der Welt – Shadow – the Oldest
Medium in the World
2001 Offset; Transparentpapier –
Tracing paper 59 × 42 cm
(Vorder- und Rückseite des Plakats.
Zweiseitig bedrucktes Transparentpapier, rückseitig Gedrucktes
erscheint Grau. Wurde auch als
Einladungskarte verwendet, dreimal
gefalzt, Format A2/A5. – Front
and reverse side of poster. Tracing
paper printed on both sides,
elements printed on reverse appear
gray. Also used as an invitation card,
folded in three. A2/A5 format.)

21 Crosby Fletcher Forbes/
Georg Staehelin
Mixed Grill
1968 Siebdruck 100 × 75 cm
(Innenplakat für Lyons Tea Shops –
Poster for indoor display for Lyons
Tea Shops)

22 Georg Staehelin
Museum für Gestaltung
Zürich/Pla/Gra/Des/Neu im Haus.
Erwerbungen und Geschenke aus
den Sammlungen/Plakate/Grafik/
Design – New Arrivals in the
Museum: Acquisitions and Donated
Pieces from the Collections/Posters/
Graphics/Design
1999 Siebdruck – Screenprint
128 × 90,5 cm

23 Jörg Hamburger/Georg Staehelin
Kunstgewerbemuseum
Zürich/Museum für Gestaltung/
Sammlung Kölsch/Kunststoff-Objekte 1860–1960 – Plastic Objects
1860–1960
1984 Siebdruck – Screenprint
127 × 90 cm

90 Jörg Hamburger
Kornhaus Bern/Borsa federale delle arti applicate – Federal Applied Art Scholarship 1992
1992 Siebdruck – Screenprint
128 × 90,5 cm

91 Jörg Hamburger
Kornhaus Bern/Eidgenössisches Stipendium für angewandte Kunst 1991 – Federal Applied Art Scholarship 1991
1991 Siebdruck – Screenprint
128 × 90,5 cm

92 Georg Staehelin
Photo: Alexander Troehler/Rainer Zimmermann
Ambiente Rapperswil/Wohnen/Buero/Bueroplanung/Bueroeinrichtung/Raumgestaltung/Raumausstattung/Wohnberatung/Wohnausstellung – Residential/Office/Office Design/Office Equipment/Interior Design/Furnishings and Fittings/Style Consulting/Housing Exhibition
1988 Siebdruck – Screenprint
128 × 90,5 cm
(als dreiteiliges Plakat und auch als Einzelplakate im öffentlichen Aushang – as a triparitite poster and also as a stand-alone poster for public display)

93 Georg Staehelin
Museum für Gestaltung Basel. Die Geländer des Daseins. Gestaltung als Kompensation – Parapets of Life: Design as Compensation
1995 Siebdruck – Screenprint
128 × 90,5 cm

94 Georg Staehelin
Museum für Gestaltung Basel in Weil/Touch me/Bitte berühren! Eine Ausstellung über den Tastsinn – An Exhibition on the Sense of Touch
1996 Siebdruck – Screenprint
128 × 90,5 cm

95 Georg Staehelin
Museum für Gestaltung Basel/Geräusche/Ein Hörspiel – Sounds: An Audio Drama
1993 Siebdruck – Screenprint
128 × 90,5 cm

96 Georg Staehelin
Museum für Gestaltung Basel in Weil/Knots. Die Lösung ist das Problem. – Knots: The Solution is the Problem.
1998 Siebdruck – Screenprint
128 × 90,5 cm

97 Georg Staehelin
Museum für Gestaltung Basel/Tarnung – Camouflage
1992 Siebdruck – Screenprint
128 × 90,5 cm

98 Jörg Hamburger
Photo: Siegfried Zingg
Kunstgewerbemuseum Zürich/Metallmöbel in Europa 1925 bis 1940/Stuhl aus Stahl/Stuhl aus Holz/Bugholzmöbel aus Wien 1840 bis 1910 – Metal Furniture in Europe 1925 to 1940/Steel Chair/Wooden Chair/Viennese Bentwood Furniture 1840 to 1910
1980 Offset 127 × 90 cm

99 Jörg Hamburger/Georg Staehelin
Museum für Gestaltung Zürich/Kunstgewerbemuseum/Willy Guhl – Gestalter und Lehrer – Designer and Teacher
1985 Offset 128 × 90,5 cm

100 Georg Staehelin
Museum für Gestaltung Basel/Rechts oder links/Eine Kabinettausstellung – Right or left/A Cabinet Exhibition
1996 Siebdruck – Screenprint
128 × 90,5 cm

101 Georg Staehelin
Museum für Gestaltung Basel/Links oder rechts/Eine Kabinettausstellung – Left or right/A Cabinet Exhibition
1996 Siebdruck – Screenprint
128 × 90,5 cm

Ausgewählte Literatur/Selected Bibliography

Barmettler, Rudolf, «Reducing to the Most–Making Surplus Value», in: *New Graphic*, 3, 2005, Nanjing 2005, pp. 2–13.

Bignens, Christoph, *Swiss Style. Die grosse Zeit der Gebrauchsgrafik in der Schweiz 1914–1964*, Zürich 2000.

Bos, Ben, *TD 63–73: Total Design and Its Pioneering Role in Graphic Design*, London 2011 (expanded edition London 2015).

Budliger, Hansjörg, «Jörg Hamburger, Gestalter und Lehrer», in: *Typografische Monatsblätter, TM,* 2, 2006, pp. 13–26.

He, Jianping (ed.), *Design + Life 2, Georg Staehelin*, Chongqing 2005.

Hollis, Richard, *Swiss Graphic Design. The Origins and Growth of an International Style 1920–1965*, London 2006.

http://www.sgdf.ch/de/oeuvres/georg-staehelin.html

http://www.sgdf.ch/de/oeuvres/joerg-hamburger.html

http://thinkingform.com/2013/09/13/thinking-georg-staehelin-09-13-1942/

Iffert, Gérard, «Grafiker der neuen Generation», in: *Neue Grafik*, 2, 1959, pp. 21–37.

Lichtenstein, Claude, *Spielwitz und Klarheit. Schweizer Architektur, Grafik und Design 1950–2006*, Zürich 2007.

Museum für Gestaltung Zürich (ed.), *Poster Collection 3. Posters for exhibitions,* Zürich 2001.

Museum für Gestaltung Zürich (ed.), *Poster Collection 23. In Series*, Zürich 2011.

Museum für Gestaltung Zürich (ed.), *100 Jahre Schweizer Grafik*, Zürich 2014.

Odermatt, Siegfried, *100 + 3 Plakate ausgewählt von Siegfried Odermatt*, Zürich 1998.

Swiss Graphic Design Foundation, SGDF (ed.), Clivio, Carlo, *Jörg Hamburger. Ein Altmeister der Moderne*, Zürich 2013 (unveröffentlicht).

The -T, *Typography, History, Education*, 7, 2015–2016, Seoul 2015, pp. 28–31.

Biografie Jörg Hamburger

Geboren 1935 in Olten, gestorben 2014 in Dietikon.

Jörg Hamburger absolvierte von 1950 bis 1954 ein Studium an der Fachklasse für Grafik an der Allgemeinen Gewerbeschule Basel. Zu den Lehrern, die ihn während seiner Ausbildung stark beeinflussten, zählten Armin Hofmann, Emil Ruder und Donald Brun.

1955 fand Hamburger eine Anstellung in der Dekorationsabteilung der Bally Schuhwerke Schönenwerd, wechselte aber auf Vermittlung von Armin Hofmann schon nach einem Jahr in die Propaganda-Abteilung der J. R. Geigy AG in Basel.

In den Jahren 1955 bis 1958 bei Geigy konnte Hamburger unter dem Atelierchef Max Schmid seinen reduzierten, funktionalen Stil ausprägen und sich in fotoexperimentellen Techniken üben.

Von 1958 bis 1960 war Hamburger Assistent bei Josef Müller-Brockmann und unterstützte ihn bei seiner Lehrtätigkeit an der Schule für Gestaltung Zürich ebenso wie bei der Ausführung grafischer Auftragsarbeiten.

1960 übernahm Hamburger ein eigenes Unterrichtspensum für Typografie in der Fotoklasse. Ab Mitte der 1960er-Jahre unterrichtete er auch Typografie und Grafik in den Innenarchitekturklassen und erteilte Schrift im Vorkurs. Von 1960 und bis 1992 erhielt Hamburger zudem regelmässige Grafikaufträge für das Kunstgewerbemuseum Zürich.

Ebenfalls 1960 gründete Hamburger gemeinsam mit dem Architekten Alfred Aebersold und dem Produktdesigner Herbert Merz die Gruppe 3. Die Gruppe 3 übernahm komplexe Gestaltungsaufträge mit interdisziplinärem Ansatz. 1967 löste sich die Gruppe 3 wieder auf.

1977 begann Hamburger eine fruchtbare Zusammenarbeit mit Georg Staehelin. Gemeinsam führten sie einige Aufträge für das Kunstgewerbemuseum/Museum für Gestaltung Zürich aus.

Von 1960 bis 2007 war Hamburger immer auch als freischaffender Grafiker tätig. Neben Plakaten gestaltete er auch Publikationen, Inserate und Signete.

2014 wurde Jörg Hamburger für sein Schaffen mit dem Kulturpreis der Stadt Dietikon geehrt.

Biography of Jörg Hamburger

Born in 1935 in Olten, died in 2014 in Dietikon.

From 1950 to 1954, Jörg Hamburger attended the graphic design degree course at the Basel School of Arts and Crafts. Armin Hofmann, Emil Ruder and Donald Brun were among the teachers who particularly influenced him during his studies.

In 1955 Hamburger took up a post in the decoration division of shoe manufacturer Bally Schuhwerke Schönenwerd; after just one year, however, a recommendation from Armin Hofmann made it possible for him to move to the marketing division at J. R. Geigy AG in Basel, at the time still known as the "Propaganda Department."

Hamburger nurtured his pared-down, functional style and practiced experimental photographic techniques during his time at Geigy from 1955 to 1958, working under studio head Max Schmid.

From 1958 to 1960 Hamburger was assistant to Josef Müller-Brockmann, helping him both in his teaching activities at the Zürich School of Arts and Crafts and on graphic design commissions.

In 1960 Hamburger began teaching his own classes on typography as part of the school's photography degree course. From the mid-1960s, he also taught typography and graphic design in the interior design degree course there, and gave classes on lettering in the preliminary course. From 1960 to 1992, the Kunstgewerbemuseum Zürich regularly commissioned graphic design work from Hamburger.

In 1960 Hamburger also founded Gruppe 3, together with architect Alfred Aebersold and product designer Herbert Merz. Gruppe 3 applied an interdisciplinary approach in tackling complex design commissions. It ceased operations in 1967.

In 1977 Hamburger initiated a fruitful cooperation with Georg Staehelin. They worked together on a number of commissions for the Kunstgewerbemuseum/Museum für Gestaltung Zürich.

Hamburger also pursued an active career as a freelance graphic designer from 1960 to 2007. His work encompassed posters, publications, advertisements and logotypes.

In 2014 Jörg Hamburger was awarded the Cultural Prize of the City of Dietikon for his oeuvre.

Biografie Georg Staehelin

Geboren 1942 in Basel.

Georg Staehelin besuchte von 1958 bis 1963 den Vorkurs und die Fachklasse für Grafik an der Allgemeinen Gewerbeschule Basel. Zu den Lehrern, die ihn während seiner Ausbildung stark beeinflussten, zählten Armin Hofmann, Emil Ruder und Donald Brun.

Nach Abschluss seines Studiums war Staehelin in verschiedenen Grafikbüros tätig. Zunächst arbeitete er bei Gérard Ifert in Paris und in Basel an Projekten für die Landesausstellung Expo 64 in Lausanne.

Anschliessend zog es Staehelin nach Amsterdam zu Total Design. Von dort wechselte er nach London zu Crosby Fletcher Forbes (Pentagram).

1969 kehrte Staehelin in die Schweiz zurück und liess sich in Zürich nieder. Hier baute er die Schweizer Niederlassung von Pentagram auf, die er bis 1977 leitete.

1977 gründete Staehelin ein eigenes Studio für visuelle Gestaltung. Zu seinen bedeutendsten Auftragsarbeiten gehören Corporate Designs für Bally International, das St. Galler Modeunternehmen Akris, die Wohnbedarf AG Zürich, den Möbelhersteller Lehni sowie Plakate für die Museen für Gestaltung in Basel und Zürich.

Ebenfalls ab 1977 begann Staehelin eine Lehrtätigkeit an der Schule für Gestaltung Zürich in der Fachklasse Fotografie, die er bis 1990 verfolgte. Dort begegnete Staehelin auch Jörg Hamburger, mit dem ihn in den Jahren bis zu Hamburgers Tod sowohl eine private Freundschaft als auch ein enger beruflicher Austausch verband. Gemeinsam gestalteten sie in den 1980er-Jahren Kataloge und Ausstellungsplakate für das Kunstgewerbemuseum/Museum für Gestaltung Zürich.

Staehelins Arbeiten wurden mehrfach ausgezeichnet, unter anderem bei den Wettbewerben «Die schönsten Schweizer Bücher» und «Schweizer Plakate des Jahres». An der 16. Plakat-Biennale Warschau 1998 wurde Staehelin mit Gold prämiert.

Biography of Georg Staehelin

Born in 1942 in Basel.

Georg Staehelin attended the preliminary course and the graphic design degree course at the Basel School of Arts and Crafts from 1958 to 1963. Armin Hofmann, Emil Ruder and Donald Brun were among the teachers who had a marked influence on him while he was a student.

After completing his studies, Staehelin was involved with a number of graphic design studios. Initially he worked with Gérard Ifert in Paris and in Basel on projects for the 1964 Swiss National Exhibition in Lausanne, called Expo 64.

Subsequently Staehelin went to Amsterdam to join Total Design. He later moved on to London, to Crosby Fletcher Forbes (Pentagram).

In 1969 Staehelin returned to Switzerland and settled in Zürich. He contributed to setting up the Swiss branch of Pentagram there, which he ran until 1977.

In 1977 Staehelin set up his own studio for visual design. His most important commissions include corporate design for Bally International, the St. Gallen fashion house Akris, the office furniture company Wohnbedarf AG Zürich, and furniture manufacturer Lehni, as well as posters for the design museums in Basel and in Zürich.

Staehelin also began teaching at the Zurich School of Arts and Crafts in 1977 in the photography degree course, where he continued to work until 1990. That was also where Staehelin met Jörg Hamburger, with whom he remained good friends and maintained close professional ties until Hamburger's death. In the 1980s they cooperated on catalog and poster designs for the Kunstgewerbemuseum/Museum für Gestaltung Zürich.

Staehelin's work has received numerous awards, e.g. in the competitions "Die schönsten Schweizer Bücher" ("The Most Beautiful Swiss Books") and "Schweizer Plakate des Jahres" ("Swiss Poster Award"). Staehelin won the Gold Medal at the 16th Poster Biennale in Warsaw in 1998.

Autoren / Authors

Bettina Richter

Geboren 1964, Kunsthistorikerin. 1996 Dissertation über die Antikriegsgrafiken von Théophile-Alexandre Steinlen. 1997–2006 wissenschaftliche Mitarbeiterin in der Plakatsammlung des Museum für Gestaltung Zürich. Seit 2006 Kuratorin der Plakatsammlung. Nebenbei Tätigkeit als Dozentin an der Zürcher Hochschule der Künste sowie als freischaffende Autorin.

Born in 1964, art historian. 1996 dissertation on the antiwar graphics of Théophile-Alexandre Steinlen. From 1997 to 2006, served as a research associate for the Poster Collection of the Museum für Gestaltung Zürich, since 2006 as its curator. Also lectures at the Zürcher Hochschule der Künste and works as a freelance writer.

Claude Lichtenstein

Geboren 1949 in Zürich. Studium der Architektur an der ETH Zürich. 1985 bis 2001 Kurator am Museum für Gestaltung Zürich für die Gebiete Architektur und Design, Mitbegründer der Designsammlung ZHdK. Ausstellungen und Publikationen zu Themen der Architektur, Raumgestaltung, Graphic Design, Produktgestaltung sowie Arbeiten mit transdisziplinärem Ansatz. 2002–2016 Dozent für Designgeschichte und -theorie sowie Kulturgeschichte an der ZHdK und anderen Fachhochschulen in der Schweiz. Mehrere seiner Publikationen sind bei Lars Müller Publishers erschienen.

Born 1949 in Zurich. Studied architecture at the Swiss Federal Institute of Technology, Zurich (ETH Zürich). Curator of architecture and design from 1985 to 2001 at the Museum für Gestaltung Zürich, cofounder of the design collection at Zurich University of the Arts (ZHdK). Exhibitions and publications in the fields of architecture, interior design, graphic design, product design, as well as works with a transdisciplinary approach. Lecturer on the history and theory of design and cultural history at ZHdK and other similar educational institutions in Switzerland. Several of his works have been published by Lars Müller Publishers.

Dank / Acknowledgements

Publikations- und Ausstellungsprojekte sind immer auch ein willkommener Anlass, den eigenen, umfangreichen Plakatbestand themenspezifisch zu sichten und aufzuarbeiten. Für die vorliegende Publikation konnten wir auf die zahlreichen Plakate und grafischen Arbeiten von Jörg Hamburger und Georg Staehelin zurückgreifen, die in der Grafik- und der Plakatsammlung des Museum für Gestaltung Zürich bereits gut vertreten sind. Dies ist nicht zuletzt regelmässigen Donationen der Gestalter selbst zu verdanken. Nach dem Tod von Jörg Hamburger übergab seine Witwe Bettina Hamburger dem Museum für Gestaltung zudem umfangreiche Arbeiten aus dem Nachlass ihres Mannes. Ihnen allen gebührt unser grosser Dank. Zudem danken wir Georg Staehelin für intensive Gespräche und Auskünfte sowohl zum eigenen Schaffen als auch zu jenem von Jörg Hamburger.

Publication and exhibition projects are always welcome occasions to examine and work with our extensive poster inventory with a specific theme in mind. In preparing this publication we have drawn on numerous posters and graphic design pieces by Jörg Hamburger and Georg Staehelin, who are already well represented in the Graphic Design and Poster Collections of the Museum für Gestaltung Zürich. This is largely due to regular donations of work by the designers themselves. In addition, Jörg Hamburger's widow, Bettina Hamburger, has also donated many works from her husband's estate to the Museum für Gestaltung. We are enormously grateful to all of them. In addition, we would like to thank Georg Staehelin for engaging in an intensive dialog with us and sharing information about his own work and that of Jörg Hamburger.

Eine Publikation des Museum für Gestaltung Zürich
Christian Brändle, Direktor

A Publication of the Museum für Gestaltung Zürich
Christian Brändle, Director

Jörg Hamburger – Georg Staehelin
Konzept und Redaktion/Concept and editing:
Bettina Richter
In Zusammenarbeit mit/In cooperation with
Claude Lichtenstein und/and Georg Staehelin
Gestaltung/Design: Integral Lars Müller
Fotografie/Photography: Roland Regner, Ivan Suta
Übersetzung (Dt.–Engl.)/Translation (Ger.–Eng.):
Helen Ferguson
Lektorat Deutsch/German copyediting: Karin Schneuwly
Lektorat Englisch/English copyediting: Adam Blauhut
Lithografie/Lithography: prints professional, Berlin, Germany
Druck, Einband/Printing, binding: Belvédère, Oosterbeek,
the Netherlands

Reihe/«Poster Collection» Series
Herausgegeben von/Edited by
Museum für Gestaltung Zürich, Plakatsammlung
Bettina Richter, Kuratorin der Plakatsammlung/Curator of
the Poster Collection

Zürcher Hochschule der Künste
Zurich University of the Arts

Museum für Gestaltung Zürich
Pfingstweidstrasse 96
8005 Zürich/Switzerland
www.museum-gestaltung.ch
www.eMuseum.ch

Museum für Gestaltung Zürich
Plakatsammlung/Poster Collection
8005 Zürich/Switzerland
sammlungen@museum-gestaltung.ch

Lars Müller Publishers
8005 Zürich/Switzerland
www.lars-mueller-publishers.com

ISBN 978-03778-536-2
Erste Auflage/First Edition

Printed in the Netherlands

Wir danken für Unterstützung/
For their support we wish to thank:

APG|SGA

POSTER COLLECTION

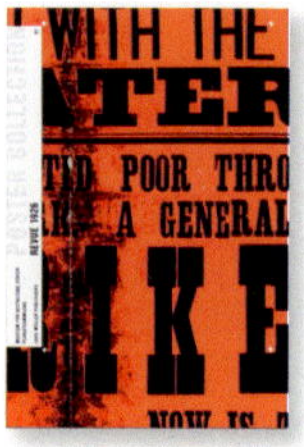
01 REVUE 1926

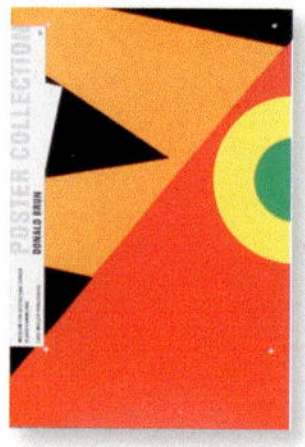
02 DONALD BRUN

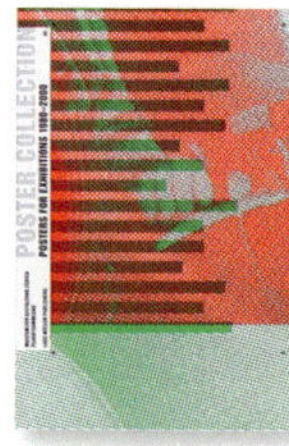
03 POSTERS FOR EXHIBITIONS 1980–2000

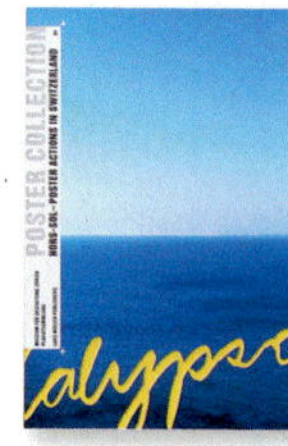
04 HORS-SOL

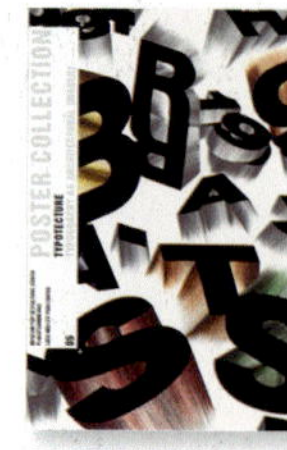
05 TYPOTECTURE

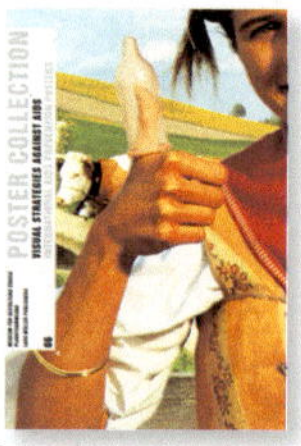
06 VISUAL STRATEGIES AGAINST AIDS

07 ARMIN HOFMANN

08 BLACK AND WHITE

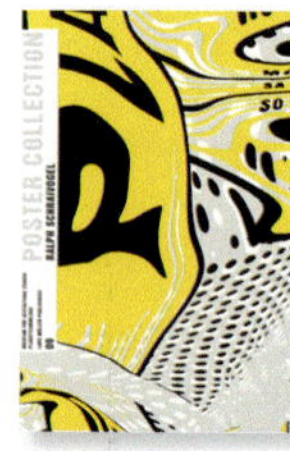
09 RALPH SCHRAIVOGEL

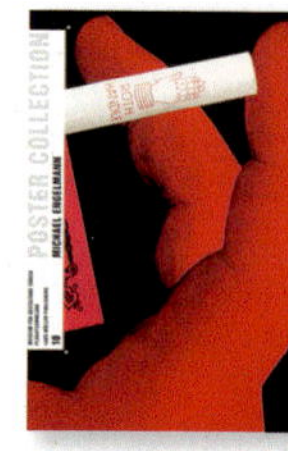
10 MICHAEL ENGELMANN

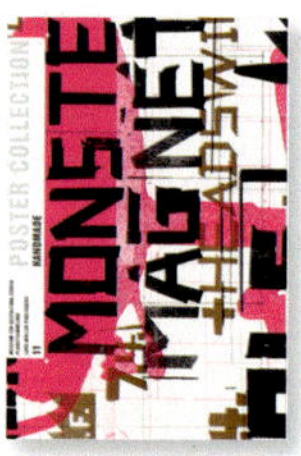
11 HANDMADE

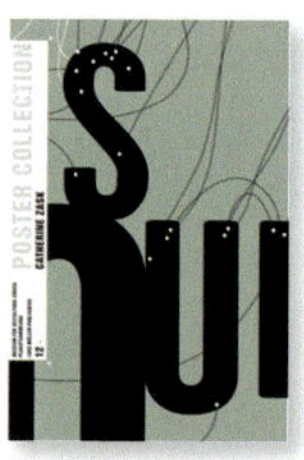
12 CATHERINE ZASK

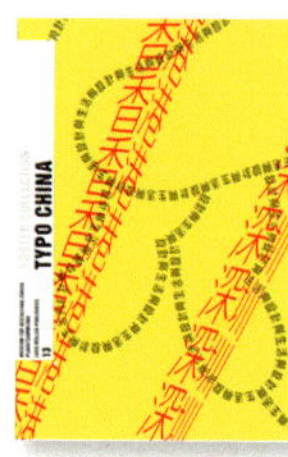
13 TYPO CHINA

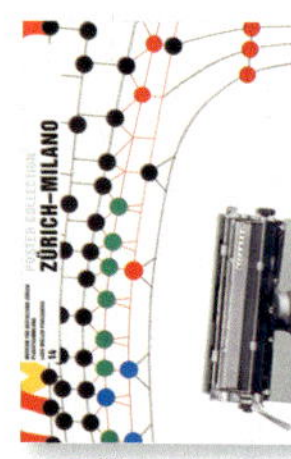
14 ZÜRICH–MILANO

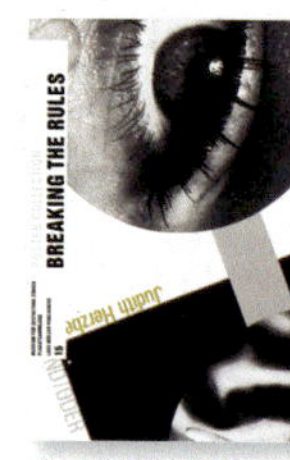
15 BREAKING THE RULES

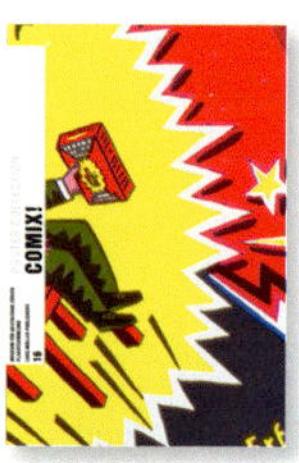
16 COMIX!

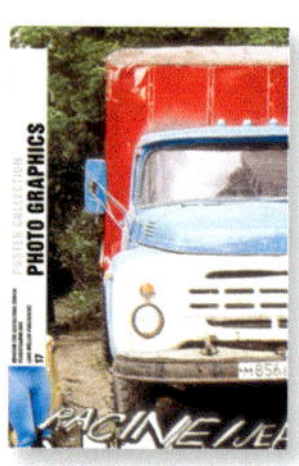
17 PHOTO GRAPHICS

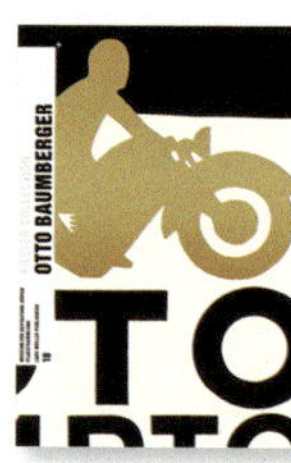
18 OTTO BAUMBERGER

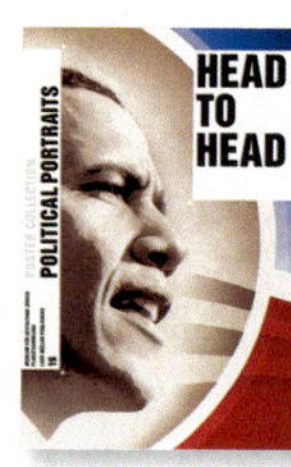
19 HEAD TO HEAD

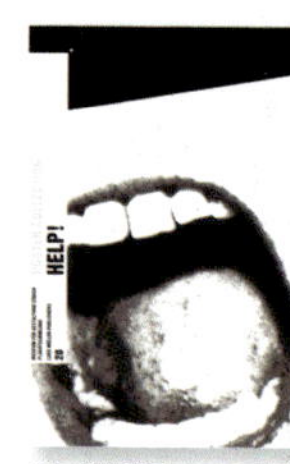
20 HELP!

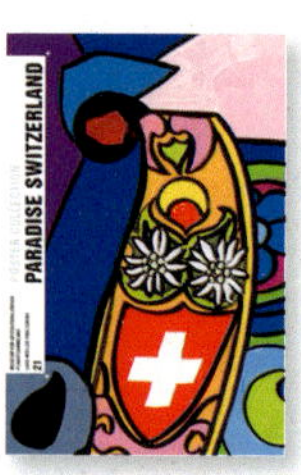
21 PARADISE SWITZERLAND

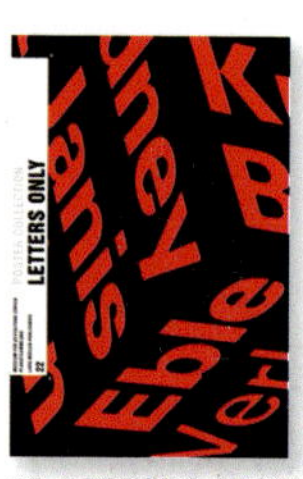
22 LETTERS ONLY

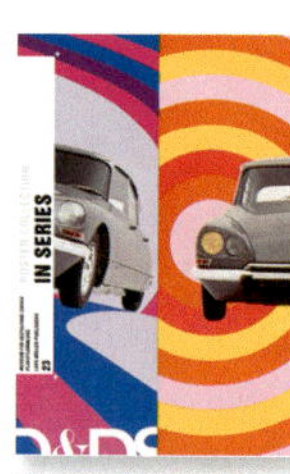
23 IN SERIES

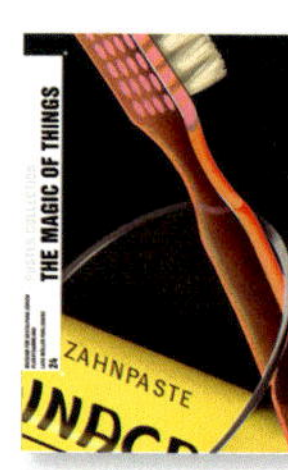
24 THE MAGIC OF THINGS

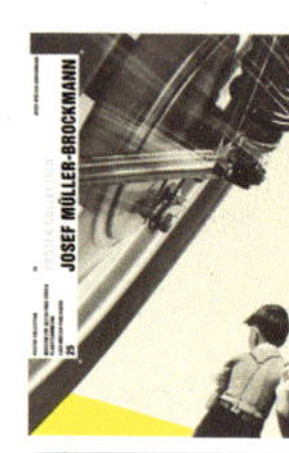
25 JOSEF MÜLLER-BROCKMANN

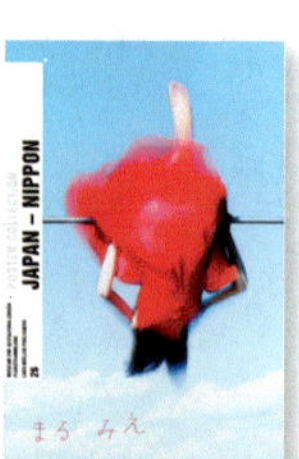
26 JAPAN–NIPPON

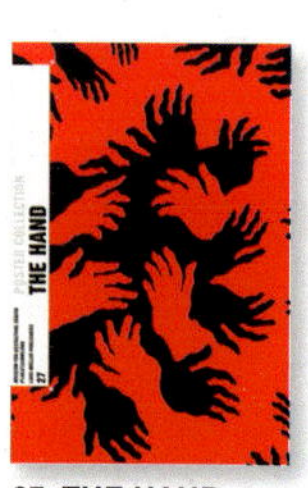
27 THE HAND

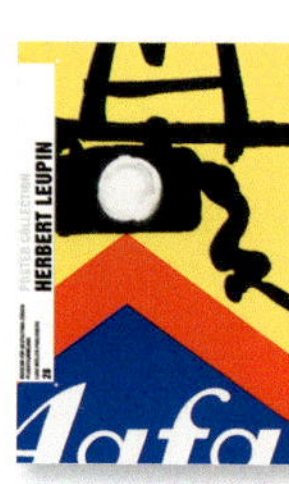
28 HERBERT LEUPIN